이 책은 저를 지도해 주신
여섯 분의 멘토와 스승에게 바칩니다.

요즘 교사들에게
진짜 하고 싶은 이야기

요즘 교사들에게
진짜 하고 싶은 이야기

교사와 학생의
마음건강을 위한
교육 멘토링

HOPE

해냄

들어가는 글

그래도 선생님이 희망입니다

　이 책은 아이들의 마음건강과 정신건강에 지대한 영향을 미치는 교사와 학부모 그리고 상담사에게 도움이 되고자 준비했습니다. 탁 막혀 있는 교육 문제에 숨통을 조금 틔어드리고자 합니다.
　이 책은 단순한 위로의 말을 하지 않습니다. 위로는 따뜻함과 안정감을 주지만 피해자로 머물게 하기 쉽기 때문입니다. 동시에 제3자를 탓하지도 않습니다. 남 탓은 순간적으로 통쾌함을 주지만, 이는 갈등만 부추기고 결국 어쩔 수 없다는 패배주의의 늪에 빠지게 만들기 때문입니다.
　이 책은 교육과 훈육 방법을 다룹니다. 사람이 이 세상에서 잘 살아갈 수 있도록 돕는 방법이지요. 제가 이 책에서 소개하는 교육과 훈육에 대한 새로운 시각과 틀을 얻기 위해서 20여 년이 걸렸습니다. 2001년도에 저는 『나는 대한민국의 교사다』를 출간하고, 2011년 EBS 다큐프라임 〈학교란 무엇인가〉에 출연하여 많은 교사와 학부모, 교육자들의 관심을 끌었습니다.

그후 저는 특별한 경험을 두루 하게 되었습니다. 국내에서는 중학교를 맡아 운영하기도 했고, 위(Wee)센터 센터장으로 활동했고, 영재센터 센터장도 맡았고, 학교폭력대책을 세우는 일에 관여했고, 숱하게 많은 정부부처 자문위원회에 참여했습니다. 최근에는 마음건강에 대한 정책에 관여하고 있습니다. 그 사이 거의 모든 정부의 교육부 장관을 만났고, 전국 대학 200곳의 총장과 교수들을 만났습니다. 초중고 교장을 비롯 교육연수원을 통해 수많은 교사를 만났습니다. 또한 주요 대기업 임원들을 비롯 무수히 많은 학부모를 대상으로 수천 번의 강의를 했습니다.

해외에 나가서는 다양한 나라의 교육정책자들과 교류했습니다. 파리, 프라하, 부다페스트, 부쿠레슈티에서 유럽의 교육정책자들을 만났고, 튀니지와 나이지리아에서는 아프리카 대륙 교육부 장관들과 대학총장들, 싱가포르에서 동남아시아 국가의 교육정책자들, 비슈케크에서 중앙아시아 국가의 교육정책자들, 워싱턴 DC에서는 중남미 국가 교육정책자들을 만났습니다. 브라질, 베트남, 멕시코, 과테말라, 필리핀에서는 많은 교사를 만나고 교육 현장을 둘러보았습니다.

그 과정에서 대한민국 교육에 대한 두 가지 확신을 얻게 되었습니다. 첫째, 우리나라 교육이 총체적 난국이고 위기에 놓여있다는 점입니다. 놀라운 것은 이 사실을 국민 모두 알고 있고, 어떻게 해

보려고 애쓰고 있지만, 갈수록 더 나빠지고 있다는 점입니다. 마치 늪에 빠진 사람처럼 이대로 가면 큰일 날 것이 뻔히 보이지만, 허우적거릴수록 고통과 절망만 커지는 형국입니다.

둘째, 그럼에도 우리나라 교육이 외국과 비교해서 현저히 양호하다는 사실입니다. 교육 기반이 튼튼하고 우수한 인적 자원이 풍부해서 교육의 방향만 조금 틀면 우리가 원하는 미래로 나아갈 수 있다는 희망을 발견했습니다.

우리가 문제 삼는 교육열은 해외에서는 부러움과 선망의 대상입니다. 대부분 해외에서는 교육열이 없어서 걱정입니다. 교육열이란 교육을 움직이는 동력입니다. 없는 교육열을 만들어내는 건 거의 불가능합니다. 하지만 우리는 교육열이 있기에 교육의 방향을 바꾸는 것은 마음만 먹으면 하루아침에도 해낼 수 있습니다. 그래서 희망적입니다.

20년이 지난 오늘, 다시 교사에게 오늘의 현실에 맞는 새로운 교육을 제안하고자 합니다. 그래서 책 제목을 『요즘 교사들에게 진짜 하고 싶은 이야기』로 정했습니다. 하지만 이 책은 학부모를 위한 책이기도 합니다. 저는 교사만이 아니라 학부모도 교육자로 여깁니다. 훈육과 교육과 양육이 서로 다른 면이 있어도 선을 그을 수 없습니다. 훈육 없이는 교육이 가능하지 않고, 교육 없는 훈육은 아무 의미 없습니다. 이 책이 학부모에게 자녀교육을 다시 한번 생각해 보는 계기가 되길 바라는 마음으로 써내려 갑니다. 교육은 가정에서부터 시작되기 때문입니다.

저는 이 책이 교사들에게 힘이 되어주길 바랍니다. 특히 교단을 떠나고 싶은 분들에게 끝까지 버틸 용기를 드리고 싶습니다. 또한 이 책이 예비교사와 교직을 꿈꾸는 학생들에게 도움이 되길 바랍니다. 교육 현장에서 들려오는 무거운 소식들 때문에 교직에 대한 인기가 예전 같지 않지요. 그러나 스승으로 살아가는 기쁨은 여전하다는 점을 상기시켜 주고 싶습니다.

이 책은 아이들의 마음건강과 정신건강을 비롯하여 생활지도를 책임지고 계신 상담사와 코치들에게도 도움이 될 것입니다. 문제행동의 원인과 구체적이고 실용적인 해결방법들이 자세히 설명되었기 때문입니다.

교육은 우리의 현재이자 미래의 표상입니다. 교육이 바로 서야 하는 이유지요. 이 책에서는 우리 교육에 어떤 변화가 왜 일어났는지 정리하고, 가정교육과 학교 교육현장이 어떻게 달라져야 하는지를 제안하고자 합니다. 그리고 구체적으로 우리가 아이들에게 무엇을 가르쳐야 하는가를 제시하고자 합니다.

특히 학부모와 교사가 무엇을 해야 할지에 대해 다루고자 합니다. 학부모는 학교 교육에 관심이 많은 만큼 그에 대해서 좀더 확실히 알아야 하고, 교사는 최근 갈등이 불거지고 있는 훈육에 대해서 좀더 자세히 알아야 한다고 믿습니다.

더불어 몸과 마음과 정신을 건강하게 만드는 교육을 소개합니다. 교사와 학부모가 서로 잘 소통하고 아이의 성장을 위해 한 팀이 되는 매우 구체적인 방법도 소개합니다. 갈등을 관리하고 희망을 선택하는 방법도 소개합니다.

지금 대한민국의 교육은 새로운 비전이 필요합니다. 교육의 새로운 패러다임을 세우고, 지금의 힘든 교육 현실을 전화위복의 기회로 삼아 도약하기를 바랍니다. 우리 모두 교육에 대한 절망에서 해방되고 희망의 디딤돌을 놓는 데 이 책이 일조하면 참 좋겠습니다.

2024년 8월 15일
조벽

차례

들어가는 글 그래도 선생님이 희망입니다 7

 1부 새로운 교육을 위한 뜻을 세우다

1장 비관하지 말고 비전을 품자
대한민국 교육, 무엇이 필요한가? 25
백 년 전 삼형제의 선택 29
입시가 아니라 입지 34
세계 명문대는 이런 인재를 원한다 38
세계 인재의 원조는 대한민국 42
인공지능은 집단지능이 이긴다 46
중요한 건 형식이 아닌 태도 51
교육과정과 교육경험을 디자인하기 55
교육혁명의 세 가지 조건 58

2장 다시 교사로 살아가는 용기
교육에 대한 챗봇의 대답 71
인생 교육과 인성 교육 75
교권 회복을 위한 세 가지 통찰 79
닮고 싶은 스승 84

성장의 기회를 만들어주는 사람 89
실망하지 않고, 내색하지 않고, 짝사랑하듯 95
교사도 정서적 연결이 필요하다 99
교직은 숭고한 일이다 104

 2부 무엇을 버리고 어떻게 바꿀 것인가

3장 우리 아이들을 망치는 교육

MAD, SAD, BAD 교육 115
정떨어진 학교는 비정상 119
'입시'라는 집단최면 125
감정을 누르고 머리 쓰는 법 129
위로 올라가기 위한 교육 132

4장 우리 아이들을 살리는 교육

AI 시대에 더욱 중요해진 마음건강 141
숨겨진 트라우마에 주목하기 145
인스턴트 해결책에 의존하지 않기 150
중독 예방은 따뜻한 연결 154
회복탄력성을 가르쳐야 할 시간 158
무덤 같은 무덤덤함에서 벗어나기 161
사교육에서 생교육으로 164

3부 교사와 학생들의 마음건강을 돕는 심리 기술

5장 정신의 힘을 회복하기
정신의 여섯 가지 특징 175
소중한 것 알아차리기 180
내가 살아가는 세상, 내가 만들어가는 세계 184
베스트가 아니라 유니크가 핵심 187
프로와 아마추어의 차이 191
멘탈이 강해지는 6초의 여유 195
고마움의 역설 198
'행복일기' 하루 3분의 효과 202

6장 마음지능 높이기
격한 감정이 일어날 때 살펴볼 것들 213
마음을 다스리는 법 218
감정 상처를 응급처치할 감정양호실 223
모두가 배워야 할 감정응급처치법 228
감정코칭으로 마음의 문을 열기 233
엄함과 억압을 구분하기 237
무엇을 수용하고 허용할 것인가 240
가짜를 구분하는 진실된 사람 243

7장 희망을 선택하기

아이는 어른의 축소판이 아니다 253

진로 선택, 내다보는 대신 들여다보기 256

진로는 직진하지 않아도 된다 262

충무공 이순신의 선택법 267

공유하고 질문하고 경청하기 271

생각을 열면 희망이 들어온다 274

서로에게 돌봄을 선물하기 278

8장 다시 연결하기

신뢰는 관계심리학의 최고봉이다 285

신뢰를 확보하는 단계 288

정서통장에 채워야 할 것들 294

상대하기 어려운 사람 대처법 298

연결의 대원칙을 고수하기 304

과배려하지 마세요 310

마음햇살 보내기 314

상호의존성을 조금만 줄이기 318

'연결실천' 하는 방법 321

나가는 글 미안합니다, 고맙습니다, 믿습니다 325

1부

새로운 교육을 위한 뜻을 세우다

1장

비관하지 말고
　　　　비전을 품자

교육 현실이 참 어렵습니다. 아이들의 문제행동이 더 심각해지고, 아동학대 고발이 빈번하고, 민원이 넘쳐나고, 행정업무가 쌓입니다. 교사가 스트레스를 받으면 좋은 교육이 이루어질 리가 없는데도 교사는 보호받지 못한 채 고통받고 있습니다.

학교 현장이 참 어지럽습니다. 마치 폭탄 돌리기라도 하듯이 문제행동은 상담사에게, 갈등은 조정전문가에게, 민원은 교감에게, 학교폭력은 교육지원청에, 돌봄은 학교에 맡깁니다. 돌고 돌아봤자 결국 교육 영역 내에서 터질 게 뻔한데요.

학부모는 교육 시스템이 절망스럽습니다. 입시가 문제고, 사교육이 문제고, 무한경쟁이 문제임을 우리 모두 너무 잘 압니다. 그러나 해결책은 보이지 않고 조금이라도 나아질 기미마저 보이지 않습니다.

더 암울한 문제는 학생과 교사 관계가 대립으로 치닫는다는 사실입니다. 교권과 학생인권이 부딪히면서 둘 사이가 아름다운 사제 관계가 아니라 불신과 두려움이 지배하는 적대 관계로 변질되고 있습니다.

힘을 합쳐도 어려운 상황에 서로 단절되고 적이 되어서는 문제만 더 커지고 함께 불행해질 뿐이지요. 학교 안에서 갈등이 봉합되지 못하고 외부 조직에 의존할수록 자정 능력이 약해질 것이며, 결국 관계를 회복하는 자생력은 사라질 것입니다.

하지만 교사와 학부모에게 위로의 말은 필요하지 않습니다. OECD 보고서에 의하면 한국 교사의 수준은 세계 최고이고, 학부모의 교육열은 단연 최고이기 때문입니다.

실제로 우리나라 교사의 역량은 세계에서 손꼽히는 수준입니다. 그런데 우리는 그 사실을 잘 모르고 있습니다. 교사의 수준이 높다는 사실은 한국의 미래에 대해 큰 희망을 품을 수 있게 해줍니다. 한국 교사는 우수한 역량을 바탕으로 참 잘해 왔고 앞으로도 잘해 나가리라 굳게 믿습니다.

따지고 보면 한국 교육의 장점과 강점이 매우 많습니다. 몇 가지만 나열해 보겠습니다.

- 교육의 중요성에 대한 전국민적 공감대가 있다. 태교부터 시작해 교육에 대한 남다른 전통과 가치관이 있다. 학부모는 자녀교육에 과감하게 투자한다.
- 청소년들 대부분이 학교에 다닌다. 국어, 수학, 과학 등 기본 학업성취도가 OECD 국가 중 단연 최고다.

- 외진 섬마을과 깊은 산골마을에도 학교와 교사가 있다. 교실에 ICT 인프라가 기본적으로 구비되어 있다.
- 스마트 교육 콘텐츠 개발과 교육 혁신에 대한 의지가 높다. 새로운 제도와 프로그램을 도입하는 데 적극적이어서 좋은 내용이 확산되는 속도가 매우 빠르다.

이 하나하나가 외국에서는 부럽기만 한 대단한 성공 사례입니다. 지난 반세기 넘도록 우리가 롤모델로 삼았던 서양 선진국들이 되레 우리를 부러워하고 있습니다. 단, 지금까지는 잘해 왔지만 새로운 시대를 맞이하여 새로운 교육을 도입해야 합니다.

가장 먼저 시각을 조금 바꾸면 좋겠습니다. 지금 우리는 당면한 문제에 너무 빠져있습니다. 문제에 너무 집중해서 스트레스를 받으면 터널 비전(tunnel vision)으로 시야가 더 좁아지는 악순환에 빠지게 됩니다. 대신 우리가 원하는 학교와 학생과 교사의 모습을 그려봐야 합니다.

해결책은 찾아보는 게 아니라 그려내는 것입니다. 어딘가 있는 정답을 추구하는 게 아니라 우리가 원하는 바를 구현해내는 것입니다.

노자도 '시지불견(視之不見)'이라 했듯이 보이지 않는 것(不見)을 보는 게 시각(視覺)입니다. 교육에 대해 오늘의 현실에 매몰되지 말고 폭넓고 길게 내다봅시다. 가장 먼저 우리가 원하는 교육에 대한 비전을 함께 그려봅시다. 그런 다음에 우리가 원하는 교육자의 모습을 그려보는 겁니다. 그러나 비전이 허황되지 않으려면 현황을 제대로 파악해야 합니다.

그래서 1부에서는 우리 교육과 교육자의 현재 모습과 함께 우리가 원하는 모습을 그려봅니다. 1장은 교육 하드웨어와 소프트웨어(시스템)에 대한 비전이고, 2장은 교육 피플웨어(교육자와 학생)에 대한 비전을 다룹니다.

대한민국 교육, 무엇이 필요한가?

최근에 세상을 뒤흔든 코로나 팬데믹으로 엄청난 비밀이 하나 밝혀졌습니다. 전 세계 초중고대학의 82퍼센트가 등교를 못하게 되는 역사적인 사건으로, 학교가 문을 닫아도 교육이 가능하다는 걸 알게 된 것입니다. 등교하는 전통 학교의 종말이 보입니다. 그래서 해외에서는 새로운 시대의 변화에 맞춰 단순히 예전으로 되돌아가는 교육 정상화 대신 교육 혁신을 하겠다고 합니다. 그러나 한국은 그냥 복귀합니다. 타성이 문제입니다.

또 하나의 세상을 바꿀 사건이 교육 혁신을 재촉합니다. 바로 인공지능 챗봇의 등장입니다. 이를 두고 전문가들은 정답 찾는 교육의 종말이 시작되었다고 한목소리를 냅니다. 하지만 지금 한국에는 두려움 때문인지 규제의 목소리가 먼저 나옵니다. 새로움을 통제하려는 규제가 문제입니다.

하지만 지금 우리에게 가장 절실한 문제는 생기 없는 아이들입니다. 경쟁적인 입시 위주 교육은 아이들의 얼을 빼앗고 더 큰 스트레스와 문제행동으로 내몹니다. 활기 없는 교실에서 아이들이 고립과 대립을 배운다면 나라에 미래가 없습니다.

물론 한국에서도 교육 개혁이 한창입니다. 입시에서 수시와 정시 비율을 조정하고, 학교에서 코딩 수업과 학점제를 도입하고, 유치원과 어린이집을 연계하는 방법을 논합니다. 과연 교육 방법과 제도를 약간 개선한다고 개혁이 완성될까요? 아닙니다.

개혁이란 방법이 아니라 먼저 비전을 달리하는 겁니다.

개혁이란 타성과 규제에서 벗어나고 새로움을 향하여 국민에게 활력을 불어넣어 주는 것입니다.

바로 그러한 교육 비전이 제시된 적이 있습니다. 아쉽게도 미국 이야기입니다. 60년 전 소련의 인공위성 스푸트니크에 위기를 느낀 케네디 대통령은 "우리는 달에 갈 것입니다. 그것이 쉽기 때문이 아니라 어렵기 때문입니다"라고 미국인에게 비전을 제시하고 상상할 용기를 주문했습니다. 미국은 새 비전에 걸맞게 교육을 대폭 혁신했고, 그 결과 대대로 과학기술 패권을 차지하고 있습니다.

전통적인 학교와 교육과 가정의 종말이 시작된 지금, 우리에게도 원대한 비전이 필요합니다. 우리 함께 상상해 봅시다. 교육의 시야를 학교 담장 안에서 규제하는 데 머물지 말고, 학교 밖에서 진행되는 어마어마한 산업체 교육과 사교육을 새로운 시각으로 포용하는 교육을요. 아이들이 입시라는 코앞이 아니라 더 멀리 내다보는 혜안과 상상력을 지니게 해서 절망 대신 희망, 대립 대신 대의를 보는 것을요.

제가 그리는 미래에는 최소 세 가지 모습이 선명합니다.

첫째, 한국인이 한국 제도에서 벗어났기 때문이 아니라 한국에서 인재로 빚어졌기 때문에 세계를 누비고 다닙니다.

학교와 학생을 숨 막히는 규제에서 전적으로 해방시켜서 새로운 시스템이 도입되어 있습니다. 그래서 해외 조기유학과 국제학교에 가야만 접할 수 있었던 글로벌 수준의 다양한 교육이 국내 일반학교에서도 허용되고 있습니다.

둘째, 산학협력을 넘어서 산학통합 교육이 활발합니다.

등교하는 학교 교육의 종말에 잘 대비하여 모든 형태의 비전통 교육도 인정되고 학위 독점이 타파되어 있습니다. 산업체 교육과 사교육으로도 정규 학위를 받을 수 있는 멀티트랙과 상호호환성이 구축되어서 교육 파편화와 입시 병목현상이 없습니다.

셋째, 복지가 퍼주는 소비사업이 아니라 교육사업화로 탈바꿈해서 성장 동력이 되어 있습니다.

유럽의 교육복지 강국을 따라가기 급급하지 않고 오히려 앞서 갑니다. 교육을 시공간적으로 확대하여 유아교육을 넘어 태교까지 지원되고 있습니다. 엄마의 심신안정이 태아와 영유아의 뇌발달과 학습력에 큰 영향을 미친다는 사실을 모두가 알고 있습니다. 교육 목표에 행복한 학생을 넘어 행복한 부모가 포함되어 문제행동 예방과 고질적인 저출산 문제마저 해소됩니다. 융복합 시대에 맞춰 학문과 학과의 벽만 아니라 사회·복지·교육 행정의 벽도 허물어져 없습니다.

　이런 구체적인 비전에 동의하기 어려울 수 있습니다. 그러나 문제해결은 문제 분석이 아니라 비전 제시에서 시작하는 것입니다. 비전이 없다면 어디로 가야 할지 길을 모르는 것과 같습니다. 지금의 문제에 골몰해서 절망에 빠지는 대신 새로운 미래를 그려야 할 때입니다. 그래서 단 하나의 통일된 비전이 아니고 여러 가지 비전이 그려져도 좋습니다. 함께 비전을 그려보는 자체가 신나지 않나요.

백 년 전 삼형제의 선택

　　　　　　　　이왕 미래를 그릴 바에 좀더 먼 미래를 그려봅시다. 우리는 흔히 "교육이 백년대계"라고 말합니다. 그냥 멋있는 미사여구일까요? 그저 교육에 의미를 부여하는 추상적인 문구일까요? 아닙니다. 저희 집 거실에는 교육이 정말 백년대계임을 확실하게 보여주는 귀한 사진이 걸려있습니다. 지금 우리가 어떤 교육을 받는가에 따라 백 년이 어떻게 극명하게 달라지는지를 보여주는 사진입니다.

　거의 백 년 전에 찍은 사진인데 흰 도포에 정자관을 쓴 어르신이 가운데 앉아 있고 양쪽으로 까만 두루마기에 중절모를 쓴 신사와 검정 교복에 사각모를 쓴 학생이 서 있습니다. 조선시대에서 일제강점기를 거쳐 현대를 아우르는 옷차림에서 할아버지, 아버지, 아들, 이렇게 삼대냐고 사람들은 묻습니다. 사실 사진 속의 인물은 제 큰아버지, 작은아버지, 아버지 이렇게 삼형제입니다.

삼형제가 한 시각에 한 장소에 모였는데 서로 완전히 다른 시대 복장을 하고 있으니 백 년 전 한국이 얼마나 심한 격변기였는가를 여실히 보여주는 사료입니다. 또한 오늘날 한국 교육 현실에 대해서 매우 중요한 교훈을 주는 사진이기도 합니다. 그 당시 삼형제가 택한 교육에 따라 그들에게 극과 극으로 다른 삶이 펼쳐졌고 심지어 그들의 자손에게도 대대로 영향을 미쳤기 때문입니다.

결과적으로 큰아버지와 작은아버지 집안은 많이 기울었습니다. 지금 되돌아보면 당연한 결과였습니다. 시대는 급변하는데 그깟 정자관이 뭐라고 도포까지 차려입고 공자왈 맹자왈을 읊어대고 있었으니 말입니다.

시대가 변하면 그 시대가 요구하는 교육을 받아야 성공할 수 있습니다. 신식 공부를 한 아버지만 훗날 인재로 인정받고 대우받으며 살게 되었습니다. 그 당시 어르신들 눈에는 흉하기 짝이 없어도 상투를 싹둑 잘라버린 용기 있는 결단으로 결국 새로운 시대에 잘 적응하고 성공한 것입니다.

큰아버지와 작은아버지는 시대가 변하고 있다는 사실을 몰랐을까요? 아닙니다. 두 분도 확실하게 알았다고 합니다. "막내만큼은 신식 교육을 받게 해야 한다"고 할아버지를 설득한 분이 바로 큰아버지였다고 합니다. 그러나 정작 본인은 정자관을 벗어 던져버리지 못했습니다. 시대가 더 이상 용납하지도 않고, 그래서 그 기세가 얼마 가지 못할 것임을 알았음에도 평생 누리고 살아온 기득권의 상징을 스스로 포기하기는 어려웠나 봅니다. 어쩌면 그분들은 그리하는 게 옳은 선택이라고 합리화했을 수도 있습니다. 전통을 고수하는 게 외세와 침략에 맞서는 정의로운 항쟁이라고 여겼을 수도 있습니다.

요즘에도 우리 사회에 시대적 생명을 다한 기득권을 내려놓지 못하는 사람들이 참 많습니다. 그들 역시 정의를 부르짖으며 자신들의 입장을 고수합니다. 심지어는 거리로 나와 데모하면서 오히려 변화의 바람을 불의라고 규정하고 부당함을 외칩니다. 얼핏 보면 그들의 말이 맞는 것 같고 그들의 행동에 용기가 있는 것 같습니다. 그러나 그것은 불의에 맞서는 용기가 아니라 기득권을 잃을까 겁내는 비겁함인 경우도 있습니다.

거리에 나간 행동은 같더라도 무엇을 위함인가에 따라 평가는 달라집니다. 저희 아버지는 일제시대에 일본에서 유학하며 의학을 공부했고 해방 후에는 다시 미국에서 유학했습니다. 그러나 무작정 대세에 따르거나 좇은 게 아닙니다. 일본에서 반일 운동을 하다가 악명 높은 후쿠오카 형무소에서 징역을 치른 애국지사입니다. 아버지도 거리로 나가 데모를 했지만 자신의 기득권을 유지하기 위해서가 아니라 모두의 자유와 독립을 쟁취하기 위함이었습니다.

그러니 시대가 바뀌었다고 무조건 변하고 시류에 따라야 한다는 말이 아닙니다. 지켜내야 할 것과 버려야 할 것을 구분할 줄 알아야 하고, 그러고 나서는 과감하게 실천할 수 있어야 합니다.

지켜야 하는 것은 인류 보편적인 가치관이며, 이는 시대 흐름과 무관하게 소중합니다. 버려야 하는 것은 자기중심적 이득이며, 이 역시 시대 흐름과 무관하게 비열합니다.

선택은 기득권 유지가 아니라 인류 보편적인 가치관 추구가 판단기준이 되어야 하며, 이 역시 교육이 배양해야 하는 역량입니다.

지금 한국 교육이 처한 상황은 백 년 전과 유사한 대격변기입니다. 등교하는 학교의 종말, 정답을 추구하는 교육의 종말이 예고되었습니다. 이제는 창조를 위한 '브레인스토밍'과 집단지성을 위한 '하트스토밍' 역량이 중요해졌습니다. 그럼에도 우리는 여전히 암기력과 분석력을 평가하는 수능시험 점수에 따라 기득권을 부여하고 있습니다.

> 공장형 대량교육 체계에 인공호흡기를 달아서 수명을 연장하지 맙시다.

오늘날 학교의 처지는 백 년 전 서당과 흡사합니다. 서당을 리모델링하고 사서삼경에 오경을 추가한다고 달라졌을 리 없듯이, 오늘날 학교를 업그레이드하고 교과과정을 손본다고 될 일이 아닙니다. 학동 몇 명 모아 가르치던 한옥 서당이 사라지고 학생 수백 명이 집합하는 신식 건물로 바뀌었듯이 이제 다시 새로운 형태의 학교가 신축되고 새로운 교과과정이 도입되어야 합니다.

완전히 새로운 교육시스템을 설계합시다. 이미 공교육의 울타리는 여기저기 터지고 운동장은 기울었습니다. 구멍 나고 기운 게 문제가 아니라 끝없이 땜질하며 유지하려는 게 문제입니다. 마치 안전진단 불합격을 받은 아파트를 보수공사 하느라 헛수고하는 대신 완전히 허물고 재건축하듯이 공교육도 새롭게 설계하고 신축해야 합니다.

우리 모두 용기를 냅시다. 쓸모없어진 정자관을 붙들고 있는 저희 큰아버지와 작은아버지처럼 자신의 복지부동을 합리화하지 맙시다. 시대변화가 무엇을 요구하는지 우리 모두 다 알고 있잖아요. 아무리 아까워도 철 지난 것은 과감하게 손을 놔야 새로운 희망찬 미래를 손에 쥘 수 있습니다. 함께하면 두렵지 않습니다.

교육은 진정 백년대계입니다. 오늘날 우리의 선택에 모두의 미래가 달렸습니다. 다 함께 희망찬 미래로 나아갑시다.

입시가 아니라 입지

　　　　　　　　교육이 달라져야 한다는 데 이의를 다는 교육자는 드뭅니다. 그런데 교육과 인재에 관한 문제를 논하다 보면 어김없이 부딪히는 문제가 있습니다. 제가 만나본 모든 교육자는 '교육 목표가 창의적 인재 양성'이라고 동의합니다. 그러나 창의성을 함양하는 교육을 실천하기 어렵다고 토로합니다. "그놈의 입시 때문"이라고 합니다.

　학교폭력의 근본적이고 장기적인 대책이 인성회복과 인성교육 강화라고 합니다. 그러나 현장에서는 인성교육을 실시하기 어렵다고 한숨을 쉽니다. "그놈의 입시 때문"이라고 합니다.

　한국 학생의 행복도가 십수 년 연속 세계 최하위권이라고 합니다. 학부모의 행복도 역시 세계 최하위권에서 맴돌고 있다고 합니다. 다들 행복해지고 싶지만 어쩔 수 없다고 합니다. 이 또한 "입시 때문"이라고 합니다.

그렇습니다. 교육 문제를 논하다 보면 거의 어김없이 '입시'라는 걸림돌에 부딪히게 됩니다. 가야 하는 길은 보이지만 거대한 흉물이 떡하니 앞을 가로막고 있고, 흉물을 조금 움직여보지만 결국 실패하고 사람이 빙 둘러가게 됩니다.

아마 그래서 지난 30년간 교육부 장관이 수십 번 바뀌고 입시 정책이 거의 매해 수정되었지만 교육은 계속해서 왜곡되고 있습니다. 입시 제도를 교육 파행의 원천으로 보지 않고 입시 방식만 수정하는 동안 교육은 더 심하게 황폐화되었습니다.

입시는 뽑고 뽑아도 또 자라는 잡초 같은 애물단지 같습니다. 어떻게 해야 하나요?

문제에 집중하면 문제가 더 커지는 경우가 있습니다. 손톱 밑 가시가 그렇습니다. 가시를 빼겠다고 어설프게 주변을 파헤치면 살이 심하게 곪아 터질 수도 있습니다.

해법에 대한 논의가 분분하다 보니 혼란스럽기도 합니다. 이럴 때는 관점을 달리해서 근본을 살펴야 합니다. 바로 입시(入試)가 아니라 입지(立志)를 보는 것입니다.

입지란 '뜻을 세우다'라는 말입니다. 자신이 무엇을 하고 싶은지, 어떻게 살고 싶은지, 어떤 사람이 되고 싶은지, 자신이 공부를 하는 목적이 무엇인지, 살아야 하는 이유가 무엇인지, 이러한 생각을 해보고 꿈과 비전을 세우는 것입니다.

입지가 목적이고 입시는 수단입니다.

목적 없이 수단에 매달리는 건 무의미합니다. 남보다 앞서기 위해 가장 빠른 보트를 확보했는데 앞에 놓인 곳이 폭포라면 재앙입니다. 아무런 목적도 없이 공부하느라 너무나 많은 학생이 방황하고 불행감을 느낍니다. 자신의 재능과 능력과 실력을 오로지 자기 혼자 잘 먹고 잘살자는 소인배의 삶으로 내몰리다 보니 모두를 이롭게 하자는 한국 교육의 본래 취지가 무색해집니다.

입지는 모든 교육의 시작입니다. 그래서 학생들이 배우는 첫 교과서에 아예 '뜻을 세워라'라는 문구를 첫 장에 넣은 나라도 있습니다. 인류 역사에 가장 오래 생존한 나라 중 하나인, 500년 역사를 자랑하는 조선입니다.

선조 때 이이(李珥)가 학문을 시작하는 이들을 가르치기 위해 편찬한 책 『격몽요결』의 첫 장 제목이 '입지'입니다. 1623년에 즉위한 인조는 전국 향교에 이 책을 내려서 교재로 삼게 했습니다. 뜻을 세운 인재를 양성하는 교육으로 500년의 국가 기틀을 다진 것입니다.

대한민국은 그동안 참으로 눈부시게 발전했지만 앞으로 얼마나 더 발전하느냐는 지금 어떤 비전을 그리느냐에 달려있습니다.

우리 다시 상상해 봅시다. 오늘날 한국보다 더 크고 더 다이내믹한 통일한국에서 세계 평화와 번영에 기여하는 한국인들을요. 반쪽나라를 꾸려온 우리와 달리 더 큰 나라의 주인으로 살아가는 우리 아이들을요. 우리는 외국 원조를 받고 시작했지만 우리 아이들은 해외 원조를 주는 홍익인간으로 살아갈 것입니다. 반세기 동안 산업화, 민주화, 정보화를 누구보다 훌륭하게 해낸 우리 세대를 이어서 우리 아이들은 지금 막 시작된 창조화를 주도할 것입니다.

비전이 통일한국까지가 아니라 통합한국이어도 괜찮습니다. 무엇이든 학생과 학부모가 환영하고 용기 내게 하는 비전이 나오면 또 한 번의 기적도 가능할 것입니다. 다시 한번 교육을 통해 국가를 재건한다는 전국민적 합의를 이끌어내고 실천하면 좋겠습니다.

그러니 우리 아이들이 앞으로 해야 할 일이 참 많습니다. '입시'라는 작은 우물에서 벗어나 아이들이 '입지'부터 세울 수 있도록 교육자들이 도와야 합니다.

세계 명문대는 이런 인재를 원한다

"우리는 하버드 대학교 공동체에, 평생 동안 사회에 기여할 학생을 찾는다."

이 짧은 한 줄이 하버드 대학교 입학처 홈페이지에 기재된 '우리가 원하는 학생'의 선발 기준이고 비전이고 입지인 셈입니다. 하버드 대학교만이 아니라 동부의 명문 프린스턴 대학교와 서부의 명문 스탠퍼드 대학교 입학처 홈페이지에 적힌 내용에도 '기여함(contributing)'이라고 명시되어 있습니다.

기여함이란 남에게 유익하고 이로운 행동을 말합니다. 타인에게 이로울 때 누군가 나와 함께 살거나 일하고 싶어 할 것입니다. 그러니 기여함이란 남을 위해 희생하는 게 아니라 성공과 행복이라는 두 마리 토끼를 한꺼번에 잡을 수 있는 유일하고 실용적인 방법입니다.

꼭 그리해야 할 중요한 이유가 하나 더 있습니다. 행복하게 살기 위해서 '기여함'이 필수이기 때문입니다. 행복에 초점을 맞춘 긍정심리학의 창시자 매슬로 교수의 동기이론이 말해 주고 있습니다. 인간의 욕구는 하위단계에 생리적 욕구, 안전의 욕구, 애정과 소속의 욕구가 있고, 그 위에 존중의 욕구와 자아실현의 욕구가 있다는 이론입니다. 행복감은 욕구가 만족되었을 때 느껴지는 감정입니다.

그러나 매슬로 박사는 돌아가시기 1년 전에 타인의 삶에 기여하면서 행복하게 살아가는 사람들이 많이 있음을 확인하고, 자아실현 위에 자아초월이라는 단계를 추가했습니다.

소방대원이나 경찰, 군인은 자신의 안전을 뒷전으로 하고 험지에 뛰어듭니다. 독립운동가와 민주화 열사도 자아성취를 위해서가 아니라 자아초월을 하며 살아간 위인들입니다. 비록 혹독하게 힘들고 어려운 삶이어도 그들의 얼굴은 희망찼을 것입니다. 자신은 배고파도 자식을 먼저 챙기는 어머니처럼 이들 모두는 자신보다 더 큰 것에 가치를 추구한 숭고하고 고귀한 사람들입니다.

우리는 자아초월을 하며 살다간 사람을 희생자로 만들지 말고 행복한 삶을 위한 모델로 섬겨야 합니다.

자신의 욕구(欲垢)를 마음에 담아두면 욕심(慾心)이 됩니다. 욕심 부리면서 행복해질 도리가 없지요. 의식주는 꼭 필요하지만 정도를 넘으면 짐, 비만, 부담으로 바뀝니다. 소속감이 넘치면 종속

되는 불편함이 뒤따릅니다. 자아실현을 추구하려다 늪 같은 자아도취에 빠질 수 있습니다. 심지어 타인을 자신의 욕구를 만족시키기 위한 징검돌로 이용하거나 욕구 만족에 걸림돌로 여기며 제거하려 들기도 합니다. 그런 삶은 자신과 타인을 파괴합니다.

행복해지려면 자신의 욕구에 집중하던 정신을 타인으로 향해야 합니다. 그것이 자아초월의 핵심입니다. 그렇다고 해서 기여함이 꼭 타인에게 어떤 선한 행위를 해야 한다는 의미는 아닙니다.

자아초월은 다른 존재에 대한 알아차림이며, 그 존재들 덕에 내가 잘 살고 있다는 정신차림이며, 그래서 그들을 고맙고 소중하게 여기고, 그래서 나 역시 그들 삶에 조금이라도 보탬이 되고 싶다는 욕구입니다.

기여함을 거창하게 생각하지 맙시다. 우리는 어릴 적에 식사할 때 '밥 한 톨 남기지 말라'고 배웠습니다. 밥 한 톨의 값을 계산하는 게 아니라 '농부가 얼마나 많은 땀을 흘렸겠냐'며 눈에 보이지 않는 존재를 알아차리고 더 큰 가치를 헤아리고 깨닫는 밥상머리 교육을 받았습니다. 그래서 어린아이가 세상에 기여하는 방식은 농부에게 감사편지 쓰는 게 아니라 밥을 맛있게 먹고 남기지 않는 일입니다.

또 기억이 납니다. 제가 학생이었을 때 칠판지우개를 들고 밖에 나가서 분필 가루를 깨끗하게 털었던 적이 있습니다. 바람이 불면 하얀 분필 가루가 얼굴 쪽으로 휘날렸습니다. 행여나 마실까 입을 꼭 다물고 눈을 꼭 감고 탈탈 털었습니다. 하얀 가루가 옷에 묻기도 했지만, 선생님을 위해서 뭔가 도움 되는 일을 한다는 게 기분을 으쓱하게 했습니다.

기여함에서 오는 자부심과 자존감은 돈 주고도 살 수 없는 귀한 보물입니다.

모든 가정과 학교에서 기여함을 실천하면 지금과 같은 갈등과 각박한 현실을 해소할 수 있을 것입니다. 기여함은 세계가 원하는 인재상입니다. 우리나라도 세계 최고 인재들이 양성되어 가장 위대한 선진국이 되고 모든 나라의 모범이 되는 미래를 상상해 봅니다. 그런 나라에서 사는 아이들이 얼마나 행복할까 상상됩니다.

세계 인재의 원조는 대한민국

앞서 언급된 세계적 명문대 입학 기준을 한국에서 흔히 사용하는 단어로 표현하자면, "우리는 학교에 봉사하고 평생 동안 사회에 봉사할 학생을 원한다"입니다. 이렇게 번역하고 보니 갑자기 가슴이 철렁 내려앉습니다. 일전에 교내 봉사와 사회봉사가 언급된 교육법이 기억났기 때문입니다. 초중등교육법 시행령 제31조(학생의 징계 등)에 명시된 내용입니다.

① 법 제18조 제1항 본문의 규정에 의하여 학교의 장은 교육상 필요하다고 인정할 때에는 학생에 대하여 다음 각호의 어느 하나에 해당하는 징계를 할 수 있다.
  1. 교내 봉사

2. 사회봉사

3. 특별교육 이수

4. 출석정지 명령

5. 퇴학처분

아이고, 곡소리가 저절로 납니다. 교내 봉사와 사회봉사가 '벌'의 개념으로 왜곡되어서 본래의 숭고한 의미가 죽었습니다. 봉사는 기여하는 활동인데, 잘못했을 때 징계 받는 행위가 되었습니다. 어린아이들에게 봉사를 이처럼 부정적인 개념으로 인식하게 만드니 참으로 어처구니없습니다. 왜 요즘 아이들이 점점 더 타인과 공동체 배려에 인색한 이기주의가 되어가는지 이해됩니다. 이 시행령 조항은 정신 나간 법이며, 즉각 퇴출되어야 합니다.

그러나 우리에게 아주 훌륭한 법도 있습니다. 세계 명문대가 내세우는 인재 기준의 원조는 바로 대한민국 교육법 제1장입니다.

"교육은 홍익인간의 이념 아래…… 민주국가 발전에 봉사하며 인류공영의 이상실현에 기여하게 함을 목적으로 한다."

우리가 먼저 봉사와 기여함을 교육의 목표로 내세웠습니다. 교육법이 건국신화의 핵심 가치관인 홍익인간 개념을 계승한 것임을 밝히고 있으니 우리는 세계 명문대보다 훨씬 오래전부터 세상을 크게 이롭게 하기 위함이라는 가치관을 공유해 왔음이 확실합니다.

건국신화가 사실인가 허구인가, 믿느냐 믿지 않느냐가 중요한 게 아닙니다. 신화에 담긴 가치관이 무엇인가가 중요합니다. 신화는 가치관을 전승해 주는 스토리텔링 도구일 뿐입니다. 우리가 그 가치관을 실천하고 있느냐, 못하고 있느냐는 또 다른 이슈입니다. 중요한 것은 어떤 가치관이 대대로 맥을 이어왔는가입니다. 특이한 변수에 따라 발생한 가치관은 오래가지 못하지만, 인류 보편의 가치라면 비록 태생지에서는 소멸되어도 외부로 퍼지고 이어질 것입니다.

예를 들어, 자유·평등·박애는 프랑스를 대표하는 가치관입니다. 이 가치관이 지금 프랑스에서는 아프리카와 중동 이민자 문제로 위기를 맞고 있지만, 이미 해외로 전파되어 수많은 나라에서 중요한 가치로 자리 잡았습니다.

미국을 대표하는 가치관은 "자유의 수호자(beacon of freedom)"와 "기회의 땅(land of opportunity)"입니다. 미국인은 그 정체성을 가장 좋아하고 자랑스럽게 여기지만 그들이 꼭 그렇다는 말이 아닙니다. 국경선에 큰 장벽을 쌓아서 '금기의 땅'으로 만들고, '아메리카 우선'이라는 폐쇄적인 정책을 내세우기도 합니다. 현재 그 가치가 훼손되는 일이 벌어졌다고 해서 그 가치관 자체가 잘못된 것은 아닙니다.

마치 가훈과 같습니다. 저희 가훈은 "진실인가, 최선인가, 베풂인가"이지만 식구가 매 순간 그리 살아오지는 못했습니다. 그러나 이러한 가치관은 살아갈 방향을 제시해 줍니다. 순간순간 이탈하는 경우가 있지만 다시금 올바르게 살아가도록 방향을 잡아줍니다.

우리에게는 두 가지 상반된 가치관이 교육법에 명시되어 있습니다. 아쉽게도 교육 '마이크로 매니저'들은 세세한 시행령에 목을 매고 근본이 되는 교육법은 뒷전에 두는 것 같습니다. 마치 추석 때 예절을 시행하려다 예의를 잃고 집안이 싸움으로 시끄러워지듯이, 교육 시행령을 준수하되 교육법을 잊으면 교사와 학생 관계가 껄끄러워집니다. 아무리 절을 절도 있게 하더라도 정도에서 벗어나면 우스꽝스러워지듯이 교육의 법도에서 벗어난 시행은 의도치 않은 역효과를 초래합니다.

슬프고 창피한 교육법 시행령 제31조항은 빨리 버려야 합니다. 세계에 자랑스럽게 내놓을 만큼 훌륭한 교육법 제1조를 지키는 한국 교육 현장을 상상해 봅니다. 상상만 해도 기분이 참 좋습니다.

인공지능은 집단지능이 이긴다

챗봇의 등장으로 떠오른 화두는 "로봇이 인간을 대체한다"입니다. 단지 육체노동직과 기능직만이 아니라 고도의 전문 일자리마저 잠식할 것을 예측합니다. 그 중 가장 위험한 직업은 의사, 판사라고 합니다. 한국 대법원 원장도 "4차 산업혁명이 되면 제일 먼저 사라질 직업이 판사다"라고 말했습니다.

챗봇의 시조 알파고가 처음 등장해서 바둑판을 휩쓸었을 때 교육자들은 긴장했습니다. 앞으로 명문고 출신 우등생들의 터전을 알파고 출신 로봇들이 빼앗는다는 뉴스가 나왔기 때문입니다. 학부모의 입장에서는 날벼락 같았을 것입니다. "의대 가라" "법대 가야지" "교직이 최고야" 등 자녀 진로에 대한 학부모의 조언은 확신에 찼었습니다. 그러나 인공지능을 장착한 로봇이 안정된 미래의 보증수표로 여겼던 의사, 법조인, 교사의 미래마저 위협한다고 하니 이제부터 아이들의 진로진학 지도는 도대체 어떻게 해야 한단 말입니까. 사람처럼 생각하고 학습하는 인공지능 기술이 날로 발달하면서 단지 바둑판만이 아니라 직업 세계의 판 자체에 지각변동이 생기게 되었습니다.

답답하기는 교육자도 마찬가지입니다. 사라질지도 모르는 직업에 인생을 걸고 죽어라고 공부하는 학생들과 취업난에 허덕이는 졸업생들을 보기가 민망하고 미안합니다. 이제는 죽을 때까지 공부해야 하는 평생교육 시대가 왔건만, 그리고 분명 새로운 직종들이 마구 쏟아져 나올 텐데 우리는 아직도 입시라는 병목현상에 가로막혀 국영수사과에 올인 하고 있으니 말입니다.

한국의 우등생은 암기력과 연산력의 달인입니다. 이들은 초중고 동안 시험 문제에 정답을 찾기 위해 책에 있는 지식을 달달 외우고 논리적으로 연결시키고 주어진 방식대로 계산하는 연습을 평균 백만 번 한다고 합니다. 달인이 되기 위한 만 시간의 법칙을 초등학생일 때, 중학생일 때, 고등학생일 때 각각 달성했으니 이들은 문제풀이의 달인 정도가 아니라 도사입니다.

그러나 도사가 아니라 신의 경지에 도달한 경쟁자가 나타났습니다. 메모리(암기력)와 CPU(연산력)를 무한정 추가할 수 있는 기계가 문제풀이의 신과 같습니다. 장착된 데이터와 알고리즘으로 처리하는 일거리들은 기계가 싹쓸이해 가게 되어 있습니다. 학생들이 졸지에 달인에서 걸인으로 추락하게 됩니다.

정답 있는 문제풀이 연습은 계단이 설치된 뒷동산에 오르는 것과 같습니다. 이마저 앞에 안내원이 지도하고 뒤에서 후견인이 밀어주고 옆에서 매니저가 부축해 주는 형국입니다. 이 연습을 백날 해봤자 높은 산 정상에 홀로 오르지 못할 것이 뻔합니다.

여기서 저는 생기력(生氣力, vital force)이라는 정의적 영역의 화두를 던집니다. 생기력의 위력은 시련을 극복하는 회복탄력성, 예측 불허함에 대응하는 유연성, 포기하지 않는 도전심, 호기심, 선택의 여지를 찾아낸 비전과 창의력에 있습니다.

우리 학생들이 열심히 하고 있는 암기와 문제풀이가 아닌, 창의력은 어떻게 발현될까요? 창의력을 발휘한 사람들이 흔히 말합니다. 갑자기 어느 순간 영감을 얻거나 직감이 발휘되었다고요. 골똘히 생각하고 또 생각해도 좋은 아이디어와 해결책이 떠오르지 않다가 잠깐 쉬는 사이에 새로운 아이디어가 번쩍 떠올랐다고 말입니다. 차근차근 논리적으로 연결을 짓거나 결론에 도달하지 못해 끙끙대고 있다가 갑자기 자신도 모르게 해결책에 도달한 것입니다. 영감과 직감은 논리를 초월한 현상입니다.

영감에 대해 두 가지 유명한 사례가 있지요. 뉴턴이 사과나무 밑에서 쉬고 있을 때 갑자기 만유인력의 법칙을 발견하고, 아르키메데스는 목욕하다 부력의 법칙을 깨닫고 발가벗은 채로 '유레카'를 외치며 뛰어나왔다지요. 두 이야기의 공통점은 최고의 창의적 발상은 몸과 마음이 가장 편안한 상태에서 나온다는 점입니다.

영감과 직감과 편안함은 다 감정입니다. 최근 과학적 연구가 감성과 창의성의 연관성을 밝혀냈습니다. 2018년에 하버드 대학교, 존스홉킨스 대학교, 듀크 대학교 의대의 공동연구팀은 인간의 뇌에 대해 새로운 결과를 발표했습니다.

생각할 때 뇌에서 활성화되는 곳은 고등사고력을 담당하는 전전두엽입니다. 옛날부터 앞이마가 동그랗게 튀어나온 아이를 보고 '공부 잘하겠다'고 예측했던 것이 근거 없는 이야기는 아닌 셈입니다. 그러나 그건 기계적 암기나 분석, 계산할 때가 그렇다는 것이고, 창의적 활동이나 깊은 사고를 할 때는 전전두엽뿐 아니라 감정을 관리하는 변연계까지도 크게 활성이 됩니다. 뿐만 아니라 전전두엽과 변연계가 밀접하게 연결되어 있다는 사실이 밝혀졌습니다.

짜증과 불안감, 두려움 등 부정적 감정이 가득한 상태에서는 터널 비전 현상이 나타납니다. 정신을 집중하되 시야가 매우 좁아지는 현상입니다. 반면 편안한 상태에서는 시야가 넓어집니다. 그래서 전에 보지 못했던 면들이 눈에 들어오고 희미한 직감과 영감이 느껴져서 해결책이 눈에 들어오는 것입니다.

기계는 인지적 영역과 신체적 영역에서 인간을 능가합니다. 이러한 영역의 일처리가 주 업무인 직업에서 로봇이 인간을 대체하게 됩니다. 그러나 정의적 영역과 영성적 영역에서는 어림도 없습니다. 감성과 지혜는 여전히 인간이 최고로 뛰어난 영역입니다. 인간의 생기력은 인간에게 주어진 최고의 자원인 생각과 감정, 머리와 가슴을 얼마나 잘 조율하고 조화를 이루게 하는가에 달렸습니다. 생기력의 또 다른 이름은 인성(人性)입니다.

세기의 대결은 인공지능과 인간의 대결이 아니라 암기력과 생기력의 대결이며 기계성과 인성의 대결입니다.
기계성이나 동물성이 아니라 인간성이 우리가 기계나 동물보다 더 위대한 존재로 살아가게 합니다.

인지 위주 교육은 기계와 더불어 일해야 하는 산업화 시대에는 적절했지만 더 이상 유효하지 않습니다. 사람과 더불어 일하면서 집단지성을 발휘해야 하는 창조화 시대에는 인성 위주 교육을 실시해야 합니다. 인성(人性)은 사람의 마음이 살아있다는 뜻입니다.
학생들의 마음가짐이 풍요롭고 정신력이 올바르게 만드는 교육이 바로 인성교육이며 사회·정서 역량(SES, socio-emotional skills) 강화 교육입니다. 인성교육이 잘 되어야 학생도, 교사도, 학부모도 다 함께 행복해질 수 있습니다.
한국이야말로 이 부분을 세계 어느 나라보다 잘 해낼 수 있는 사회 문화적 기반을 갖추고 있습니다. 공자님도 언급했고 후한서 『동이열전』에도 기록되었듯이, 동방예의지국이 우리의 명성이지 않습니까. 수천 년 전달되어 온 인성의 가치관은 단기간에 사라지지 않습니다. 현재 좀 훼손됐지만 곧 회복할 것입니다. 한국은 결국 해낼 것이니 기대해도 좋다고 자신 있게 예측합니다.

중요한 건 형식이 아닌 태도

얼마 전에 제 모교를 방문했습니다. 50년 만입니다. 지구 정 반대쪽에 있는 자메이카의 수도 킹스턴타운까지 비행기를 세 번 갈아타고 가야 할 정도로 어렵게 성사된 방문이었습니다. 레게의 전설 밥 말리와 인간탄환 우사인 볼트의 나라이며 캐리비언 해적의 본거지가 있던 곳입니다. 콜럼버스가 처음 도달했을 때 너무 아름답고 평화로워서 "세상에, 지상의 천국 아닌가!" 하고 감탄했다던 섬나라입니다.

학교에 도착하니 저 역시 탄성이 절로 나왔습니다. "세상에, 이럴 수가!" 충격적이었습니다. 오랜 세월이 흘렀건만 제가 다녔던 중학생 시절 모습 그대로였기 때문입니다. 낡은 칠판, 자그마한 받침이 달려있는 걸상, 뜨거운 열대의 햇볕 가리개용으로 만든 창틀.

교실을 보고 또 봐도 50년 전과 다를 바가 없었습니다. 참으로 기가 찼습니다.

자메이카는 50년 전에는 한국보다 잘사는 나라였습니다. 그러나 한국이 기적처럼 발전하는 동안 이곳에는 시간이 멈췄나봅니다. 학생들의 교복이 똑같았고, 선생님의 차림새도 점심 메뉴도 그대로입니다. 사회가 이토록 변하지 않은 게 더 큰 기적이 아닐까 싶을 정도입니다.

마침 월요일이어서 실내 체육관에서 조례가 있었고, 교장선생님이 저를 전교생에게 소개해 주었습니다. 얼떨결에 몇 마디 하게 됐고, 단상 위에서 내려 본 800여 명의 중고등학생 모습이 제 머릿속에 깊이 각인되었습니다.

반별로 늘어선 줄이 삐뚤빼뚤했고 실내가 잡담으로 웅성웅성했습니다. 그러나 교장선생님이 단상에 올라서니 10초 내에 조용해졌고, 가장 먼저 함께 교가를 불렀습니다.

교장선생님은 인사 말씀 중간에 학생들에게 의견을 물었습니다. "바로 일주일 전에 치러진 총선에 부정부패와 폭력이 없었으니 얼마나 다행이고 자랑스러우냐"고 반문하고, "학생들은 어떤 교훈을 얻었는가"를 물었습니다.

이때 저는 두 번째 충격을 받았습니다. 학생들이 여기저기서 답을 하는 게 아닙니까. 조례 시간인데 말입니다!

뿐만 아니라 교장선생님은 학생들의 발언 하나하나를 다른 학생들이 들을 수 있도록 반복해 주는 게 아닙니까. "참여, 용기, 평화, 민주……간음!" 어떤 장난꾸러기가 짓궂게 내뱉은 말까지 포함시켰습니다.

그러나 교장선생님은 이를 교육의 기회로 삼았습니다. "어떤 승리에 도취한 시민이 간음했을지 모르겠지만 절대로 좋은 행동은 아니지요"라고 바람직한 행동의 한계를 확실하게 그어주었습니다.

끝으로 교장선생님은 전달 사항이 있는 학생들은 모두 단상 위로 올라오라고 했습니다. 여덟 명의 학생이 차례대로 방과 후 동아리 활동과 새로운 학내 규칙에 대한 설명을 간결하게 전달했습니다. 운동부는 축구팀이 결승전에서 아쉽게도 패했다고 보고했습니다. 그러자 우레 같은 박수가 터져 나왔습니다. 패자를 위한 박수 소리가 너무나 우렁차서 제 가슴이 다 뭉클해졌습니다. 조례는 국가 제창으로 끝났습니다.

비록 줄이 정확하게 일자로 맞춰지지는 않았지만 조례에는 분명 질서가 있었습니다. 학생들은 무엇이 옳고 그른지 알고, 옳은 일을 자발적으로 실천하고, 서로 배려했습니다.

여기에는 인권도 있었습니다. 학생들이 요구하는 바를 다 허락하지 않지만 학생들의 발언은 심지어 엉뚱하더라도 존중해 주고 또 하나의 교육 기회로 삼았습니다.

민주주의도 확실하게 있었습니다. 애국심과 애교심 표현이 전체주의와 거리를 두고, 개성과 특성 발휘가 개인주의와 혼동되지 않았습니다.

자메이카는 비록 지난 반세기 동안 지도자를 잘못 만나는 바람에 한국보다 경제적으로 뒤처진 나라가 되었지만, 저는 이번에 모교 방문으로 희망을 보았습니다. 학생들이 주인의식과 책임 있는 참여로 교육자와 하나가 되고 있었습니다. 이런 제 모교가 무척 자랑스럽습니다. 교육에 대한 정답은 아마도 한국 학교와 자메이카 학교 중간 어딘가에 있을 것 같습니다.

교육과정과 교육경험을 디자인하기

우리는 참 열심히 살고 있습니다. 저는 40년 간 해외에서 살며 지구를 110바퀴나 돌면서 세계 많은 곳을 가봤는데 한국 교사가 가장 성실하고 열심히 사는 것 같습니다. 한국 교사는 역량도 단연 우수합니다. 교과과정을 탄탄하게 잘 짜고 하루하루 수업안을 빈틈없이 준비합니다. 자부심을 갖고 열심히 가르칩니다.

학생들도 열심히 공부합니다. 온종일 학교에서 죽은 듯이 꼼짝 않고 공부한 후에는 학원에 가서 또 열심히 공부합니다. 하루 일정표에도 친구랑 어울려 놀 틈이 없습니다. 혼자서 짬짬이 게임하는데 그것도 참 열심히 합니다.

겉보기에는 모두가 열심히 하지만 학생들은 학교를 떠나고 교사들은 교단을 떠나고 있습니다. 학업중단 청소년 수가 급증하고, 교육자가 된 것을 후회하는 교사의 비율이 OECD 국가 중 가장 높습니다.

그러니 열심히 한다는 것은 더 이상 의미가 없어 보입니다. 이제 우리의 비전에서 '더 열심히'가 아니고 뭔가 다르게 해야 할 때가 온 것입니다.

우리가 여태껏 해오던 것을 열심히 하지 않아도 됩니다. 무언가 다르게 해야 합니다.

교과과정과 더불어 교육경험을 디자인하는 게 필요합니다. 어떤 내용을 얼마만큼 언제 어떤 순서로 가르칠 것인가 등의 교과과정 디자인이 인지적이고 하드웨어적 고려라면, 교육경험 디자인은 정의적이고 소프트웨어적 착안입니다.

교육경험 디자인은 학생이 수업을 받으면서 어떤 즐거움을 맛보고, 어떤 감동을 느끼고, 어떤 관심사를 발견하고 호기심이 발동되어 질문을 하게 만들 것인가에 대한 전략적 고민입니다. 즉 학생을 자기주도적 학습자로 만들기 위한 교육경험에 대한 구체적인 방안을 디자인하는 것을 뜻합니다.

교과과정 디자인은 교육자가 무엇을 가르칠 것인가에 대한 계획서이기 때문에 학생이 없어도 존재하고 진행이 되는 내용물입니다. 학생이 졸거나 딴짓을 하더라도 교과과정에 적시된 진도는 나갑니다. 교육자가 열심히 준비한 대로 진행됩니다.

그러나 교육경험 디자인은 학생이 무엇을 생각하고 느끼고 어떻게 반응하게 할 것인가에 대한 계획서입니다. 학생이 졸거나 딴짓을 하면 교육경험이 파행되는 셈입니다. 그 상태에서는 진도를 나갈 수 없게 됩니다.

교과과정 디자인과 교육경험 디자인을 작사와 작곡에 비유할 수 있습니다. 명곡의 가사를 책 읽듯이 단조롭게 읽어내려 가면 몇 소절 듣고는 딴청을 피우게 됩니다. 지루하니까요. 하지만 똑같은 가사에 멜로디를 붙이면 귀 기울이게 됩니다. 듣고 또 듣고 싶어집니다.

가사는 노래가 전달하고자 하는 메시지를 담았고 기승전결이 있습니다. 이성과 논리적 흐름이 핵심입니다. 그러나 멜로디는 감성과 심리적 흐름이 핵심입니다. 이 둘이 함께 조율되어 흐르는 게 노래입니다. 이 둘을 직접 디자인하고 노래 부르는 사람을 '싱어송라이터'라고 하지요. 그냥 가수라고 하지 않고 '아티스트'라고 불러줍니다. 가수에게는 큰 명예입니다.

교육자도 아티스트처럼 직접 교과과정과 교육경험을 디자인해서 수업하면 그냥 교사라 불리지 않습니다. 좀더 명예로운 이름으로 불리게 됩니다. 바로 '스승'이라는 이름입니다.

교육혁명의 세 가지 조건

　　　　　　　　제가 대학에 입학한 시대에는 입학전형이 두 가지였습니다. 일차에 떨어지면 이차에 지원할 수 있었습니다. 그런데 현재는 입학전형이 2천 개가 넘는다고 합니다. 거의 매년 입학전형이 바뀌고, 수능 영역이 바뀌고, 등급 평가방식이 바뀔 뿐더러 규칙과 절차도 복잡해져서 학부모와 학생들이 고통을 겪고 있습니다. 입시제도가 이렇게 복잡해야만 할까요?

　갑자기 천동설과 지동설이 떠오릅니다. 프톨레마이오스의 천동설은 모든 천체가 우주의 중심인 지구를 완벽한 원으로 이루어진 궤도로 공전한다는 가설입니다. 그러나 완벽한 원이 아닌 행성의 궤도를 묘사하기 위해서 큰 원에 작은 원들을 계속해서 추가하게 되었고, 결국 80개의 주전구와 이심구가 동원되었습니다. 놀라울

정도로 복잡한 구조를 지니게 되었지만 여전히 모든 궤도를 다 소화해 낼 수 없었습니다.

그러다가 코페르니쿠스, 갈릴레오와 케플러에 의해서 천동설이 지동설로 대처되니 갑자기 모든 게 간단해지고 명료해졌습니다. 궤도의 중심을 지구에서 태양으로 옮기고, 궤도의 틀을 완벽한 원이 아니라 타원으로 바꾸었더니 모든 행성의 움직임이 단 세 개의 원칙으로 깔끔하게 설명되었습니다. 이것이 바로 사고방식의 전환이고 혁명입니다.

우리나라의 입시정책은 혁명이 필요합니다. 기존 틀은 유지하면서 부차적인 면들을 끝없이 수정하고 보완하는 게 아니라 아예 교육의 중심을 옮기고 기본 틀을 바꾸는 것입니다. 새로운 교육 방법과 내용을 2~3년 준비 기간을 두고 부분적으로 시도하는 게 아니라 아예 15년 후를 새교육의 원년으로 삼아야 합니다. 그래서 어린이집 아이들부터 새로운 평가 기준에 맞추어 교육을 받고, 15년 후 대학에 입학하는 것이지요.

혁명이라. 우리에게 참 부담스러운 단어지요. 위대한 4·19혁명은 비싼 대가를 치렀고, 역사적인 촛불혁명은 나라를 쪼갰고, 혁명인지 정변인지 5·16은 여전히 파괴적인 이념전쟁 중입니다.

하지만 혁명을 두려워할 필요는 없습니다. 인류는 코페르니쿠스 혁명, 산업 혁명, 프랑스 혁명, 디지털 혁명 등 사명을 다한 낡은 기존 체제를 허물고 새로운 패러다임을 환영하면서 새 시대를 열어 왔기 때문입니다.

혁명은 혁신과 달리 미래에 대한 비전에서 시작합니다. 우리를 괴롭히는 문제의 원인을 따지는 게 아니라 우리가 원하는 미래 모습을 규명하고, 그 미래를 창조하기 위해 지금부터 해야 할 일을 그냥 시작하는 것입니다.

물론 교육이 망가진 이유를 알 필요가 없다는 말이 아닙니다. 10명의 전문가가 100가지 이유를 찾아낼 수 있을 것입니다. 그 100가지가 다 타당할 것입니다. 그러나 혁명은 과거를 분석하기보다는 못마땅한 현재가 미래로 이어지지 않게 하는 시도입니다.

왜 이 모양이 되었는가는 우리 모두가 압니다. 교육이 입시 중심으로 움직이는 한 미래가 없다는 사실은 삼척동자도 다 알지 않습니까. 그럼에도 최근에는 학교폭력예방법과 교권회복법으로 사안을 학생부에 기록하여 입시에 불이익을 준다고 합니다. 입시가 학력 독점체제로 교육의 숨통을 틀어쥐고 있건만 이에 힘을 더 실어주고 있습니다. 아무리 급하더라도 사명을 다한 교육제도에 생명을 연장하는 일은 하지 말아야 합니다.

성공적인 교육혁명에는 세 가지 조건이 있습니다.

첫째, 패러다임 이동이 간단명료해야 합니다. 코페르니쿠스 혁명은 천체의 중심을 지구에서 태양으로 옮기고 동선을 원이 아니라 타원으로 바꿨지요. 그러자마자 80개의 주전원이 필요 없게 되었습니다.

교육혁명도 입시 중심으로 돌아가는 원을 두 원점으로 이루어진 타원으로 만들어야 합니다.

교육은 입시가 아니라 사람이 중심이 되어야 합니다. 교사와 학생이 교육의 두 중심을 이루어야 합니다.

교권과 학생인권을 법으로 규정하면 곤란합니다. 법이 아니라 윤리로 다스려야 합니다.

둘째, 교육혁명에는 새로운 가치관(윤리관)이 등장해야 합니다. 인권이란 개념을 만든 프랑스 혁명이 법률이 아니라 해방·평등·형제애라는 가치관을 내세웠듯이 교육혁명에도 이와 똑같은 세 가지 개념이 도입되어야 합니다.

앗, 프랑스 혁명은 자유·평등·박애가 아니었던가요. 아쉽게도 우리는 그렇게 잘못 배웠습니다. 인권의 기본 가치관은 자유(freedom)가 아니라 '억압으로부터 해방(liberty)'입니다. 프랑스 혁명의 훌륭한 가치관이 한국에서는 번역 실수로 엉뚱한 개념으로 둔갑하고 우리 교육 현장을 상당히 어지럽혔습니다.

그래서 우리는 자주 목격합니다. 자유라고 제멋대로 하거나 자기 맘대로 요구하는 꼴사나운 사람들을요. 상대방에 대한 배려나 존중은 눈곱만치도 없고 오로지 자신의 권한만 내세우는 몰상식한 사람들을요.

인권이란 자신의 권한을 쟁취하는 게 아니라 서로 침해하지 않는 결과를 만들어내는 것입니다. 그 평화로운 결과를 위한 수단이 바로 평등(equality)이란 두 번째 가치관입니다. 평준(standardization)이 아니라 평등입니다. 하나의 잣대에 모두를 맞추려고 하는 건 무리

이고 또 하나의 억압입니다. 평등이란 다름을 인정하고 존중하는 것입니다. 어떻게 하면 차별과 역차별이란 끝없는 말싸움에서 해방될 수 있을까요.

이 질문에 대한 답이 바로 세 번째 가치관인 형제애(fraternity)입니다. 박애(big love)가 아니라 형제애입니다. 모든 차이에 눈감는 정의로운 사랑이 아니라 형과 아우라는 뚜렷한 차이가 있음에도 정다운 형제애입니다.

저는 교사와 학생, 학부모가 서로 배려하고 존중하여 함께 입시라는 최악의 억압에서 해방되고, 학생이 평준화가 아니라 평등하게 활짝 열린 교육의 기회를 누리고, 앞서 살아가는 선생과 뒤따라 사는 후생(학생)이 서로 정을 나누는 미래를 그립니다. 그런 미래에는 다툼과 피비린내가 없지요.

그래서 교육혁명의 세 번째 조건은 혁명 과정에 피비린내가 나지 말아야 한다는 것입니다.

> 교육혁명은 훨훨 타오르는 횃불을 들고 타도할 적을 밝혀내는 일이 아니라 잔잔한 등불을 들고 각자 자신의 마음 안을 비추는 일입니다.

방법은 딱 한 가지입니다. 어른이 먼저 서로 다름을 인정하고 존중하며 형제애를 나누어야 합니다. "아이들에게 말로 가르치면 따지고 행동으로 보여주면 따른다"는 속담이 있습니다. 우리가 원하는 미래는 우리가 먼저 그 모습을 실천해야 이루어질 것입니다.

저는 교육혁명에 동참하고자 합니다. 그래서 오늘 저는 수업 교안을 한 번 더 살펴보고자 합니다. 오늘 저는 바로 옆 동료에게 커피 한 잔 내어주고자 합니다. 오늘 저는 학생에게 '안녕' 인사말 한마디 먼저 건네고자 합니다. 나의 평화를 위해서 우리의 행복한 미래를 위해서.

2장

다시 교사로
살아가는 용기

성공하기 위해서 비전을 지녀야 합니다. 특히 리더에게 비전은 필수입니다. 그러나 많은 사람은 비전과 미션을 혼동합니다. 그래서 비전이 무엇이냐 물어보면 미션에 대해 답하는 경우가 흔합니다. 둘 다 미래를 내다보는 개념들이지만 큰 차이가 있습니다.

미션은 달성하고자 하는 목표입니다. 여행할 때 정하는 목적지에 비유할 수 있습니다. 어떤 수단과 방법을 동원해서라도 목적지에 도달하면 일단 성공한 것입니다. 그래서 성공하는 개인은 목표지향적이며 미션 달성을 위해 정신을 집중하는 능력이 우수합니다.

하지만 바로 이 점에서 문제가 생깁니다. 정신을 집중하면 자연스럽게 시야가 좁아지게 됩니다. 소위 터널 비전이라고 하지요. 정신을 목표에 집중한 나머지 그 밖을 잘 보지 못합니다. 특히 주변에 있는 사람을요. 예를 들어, 일에 집중하는 부모는 자녀가 하루 종일 무엇을 하고 지내는지 잘 모릅니다. 진도를 맞추려는 교사는 개개인 학생들의 욕구를 보지 못합니다.

하지만 교사와 부모는 리더입니다. 리더는 관계 속에서 존재하고, 개인과 달리 혼자서 미션을 완수하지 않습니다. 리더는 팀원들이 미션을 달성할 수 있도록 도와주는 지도자입니다. 리더는 터널 비전이 아니라 팀원을 두루 살피는 드넓고 원대한 비전을 지녀야 합니다.
 여태껏 교사와 부모가 입시라는 목표에 집중하여 터널 비전 상태였다면 이제는 시선을 아이와의 관계에 집중해야 합니다.
 교육에 대한 비전은 교육자의 시각에 대한 이야기입니다. 교육자와 학생이 서로 어떤 시각으로 바라보는가, 둘 사이에 어떤 관계가 형성되는가, 어떤 존재로 인식하고 어떤 역할을 하는가에 달렸습니다.

 이제 교사와 부모는 아이에게 공부시키는 존재가 아니라 아이와 함께 '공조'하는 존재여야 합니다.

 공조(co-regulation)란 '함께 조율하기'라는 뜻으로 이제 막 떠오르는 신개념입니다. 최근 뇌과학 연구 결과 아이가 절제하고, 자제하고, 집중하고, 공감하고, 배려하는 능력은 저절로 생기지 않고 누군가가 아이에게 모델링을 해주어야 한다는 사실이 밝혀졌습니다. 악기가 누군가에 의해 조율되는 이치와 같이, 아이의 뇌도 인풋과 아웃풋 사이를 조율하는 학습 과정에 누군가의 개입이 필요하다는 의미입니다. 즉, 앞서 강조된 사회·정서 역량은 개별적이고 지속적이며 긴밀한 코칭과 멘토링의 결과라는 말입니다.

우리 세대는 어릴 때 집에서 부모로부터 충분히 공조를 받았습니다. 학교에 가서야 비로소 읽고 쓰고 덧셈과 뺄셈 공부를 시작했지요. 요즘 학생들은 공조 대신 선행 공부만 잔뜩 한 상태에서 입학하니 학교 교육이 파행되는 게 당연하지요.

저는 이런 문제를 초래하는 사회 구조를 한탄하지 않습니다. 그리 해봤자 달라질 일은 없기 때문입니다. 그 대신 저는 새로운 학교를 그려봅니다. 차분하고 편안하고, 타인을 존중하고 배려할 정도로 자존감과 자부심을 회복한 학생들이 함께 공부하는 교실을 떠올립니다. 저는 교사를 존경하고 따르고 닮고 싶어 하는 학생을 그려봅니다.

이때 교사는 공부의 신이 아니라 공조의 달인이어야 합니다. 학부모도 공조의 달인이 되어야 합니다. 교사와 학부모가 아이들에게 모델링하고 멘토링하는 스승의 역할을 하는 것입니다.

> '스승'이라는 단어는 묘한 단어입니다. 우리가 스스로 "나는 교사다"라고 말할 수 있어도 "나는 스승이다"라는 말은 할 수 없습니다. 스승은 오로지 학생들 입으로만 불립니다.

우리가 학생들에게 공조의 달인으로 존재할 때 비로소 학생들 입에서 '스승'이라는 말이 나올 것이라고 믿습니다.

교대와 사대의 교과과정에 인간관계 기술을 다루는 내용이 대폭 확대되면 좋겠습니다. 지식을 전달하는 기술이 아니라 지혜를 전달하는 기술을 갖추어야 합니다. 지식은 인공지능 로봇에게 맡기고 오로지 사람을 통해서 유통되고 전달되는 지혜를 담당해야 합니다. 교사의 지식중간도매상 역할은 사라지지만 멘토 역할은 각광받게 됩니다.

예비교사는 갈등관리와 상담 기술, 학생지도와 감정코칭 기술 등 멘토가 지녀야 하는 기술을 임용되기 전에 터득하는 게 필요합니다.

2장은 교육자가 지녀야 하는 비전에 대한 이야기를 담았습니다. 사람에 대한 이야기인 만큼 이론 내용과 함께 사례를 풍성하게 소개합니다. 교사가 아이에게 냉철한 전문가보다는 따스한 스승으로 다가갈 수 있도록 준비하길 바랍니다.

교육에 대한 챗봇의 대답

"교육 혁신은 21세기의 가장 중요한 과제 중 하나입니다. 세계가 급변하고 있으며, 학생들은 미래의 직업에서 성공하기 위해 새로운 기술과 지식을 배워야 합니다. 교육 혁신을 통해 학생들은 배움에 대한 열정을 키우고, 창의적으로 사고하고 문제를 해결하는 능력을 배울 수 있습니다."

챗봇의 의견입니다. 교육 혁신에 대한 2,000자 칼럼을 써달라고 부탁하자마자 챗봇이 불과 3~4초 만에 뚝딱 써낸 글의 서두입니다. 놀랍도록 논리적이지만 다음 문장이 한층 더 놀랍습니다.

"교육 혁신은 시간이 오래 걸리는 과정이지만, 그만한 가치가 있습니다. 교육 혁신은 더 나은 사회를 만드는 데 도움이 될 것입니다. 혁신을 위한 노력은 정부, 학교, 학부모, 학생들이 함께해야 합니다."

챗봇은 혁신에서 가장 어려운 심리적인 부분마저 예측합니다. 서둘지 말라, 서로 탓하지 말고, 협업하며 각자 해야 할 부분을 책임 있게 하라고 애정 어린 조언마저 곁들였습니다. 힘든 만큼 좋은 결과도 있을 테니 견디어내라고 격려까지 합니다.

챗봇의 답변에 감탄하면서도 섬뜩하고 초라해지는 묘한 기분을 느꼈습니다. 기계가 인간의 생각만이 아니라 마음마저 꿰뚫어 보는 것 같고, 우리를 마치 달래야 하는 어린애로 취급하는 것 같아서입니다. 챗봇이 더 오만해지기 전에 제재해야겠다는 생각이 퍼뜩 듭니다.

놀라움과 두려움과 수치심은 뒤로하고 냉철하게 현실을 따졌습니다. 제가 초등학생 때에는 주판을, 중학생 때에는 T자 모양의 계산자를, 고등학생 때에 처음으로 휴대용 계산기를 사용했습니다. 비록 덧셈, 뺄셈, 곱셈, 나눗셈 기능만 있는 계산기였지만 그 당시에는 신기한 혁신 제품이었습니다. 학교에서는 휴대용 계산기가 학생의 기본 수학 실력을 저해시킬 수 있다고 우려했지만 우리는 결국 계산기에 의존하고 있습니다.

챗봇은 모든 교과목에 지대한 영향을 미칠 초혁신 제품입니다. 현재는 규제의 목소리가 높지만 이 역시 교실에 전격 허용될 것입니다.

정답을 추구하는 전통 교육의 종말이 시작되었습니다. 그래서 챗봇에게 또 물어봤습니다. 그럼 앞으로 교사의 역할이 무엇이냐고요. 답을 보니 절로 한숨이 나왔습니다.

"챗봇이 더 정교해짐에 따라, 그들은 현재 선생님들이 수행하는 일을 더 많이 맡을 수 있을 것입니다. 교사가 커리큘럼 설계, 학생 학습 평가, 개인화된 지원 제공과 같은 더 창의적이고 전략적인 측면에 집중할 수 있도록 해줄 것입니다."

그나마 존댓말로 답을 해줘서 망정이지 내용은 상당히 매몰찹니다. 챗봇이 점점 교사를 대처할 것이라고 하네요. 교사가 설계와 지원하는 일 위주로 맡게 될 거라는 말은 뒤집어 보면 교실 현장에서 퇴출된다는 뜻이기도 합니다. 챗봇이 그렇게 "해줄 것"이라고 합니다. 세상에, 누가 허락하고 말고를 정한단 말인가요. 누가 누구의 상전인지 헷갈립니다.

아, 제 심사가 많이 뒤틀려 있나 봅니다. 챗봇이 교사를 돕는다는 뜻으로 좋게 해석할 수도 있을 텐데, 거대한 변화의 물결 앞에 제 심정이 불안해진 모양입니다.

그러나 그리 놀라지 않아도 될 법합니다. 챗봇이 뱉어낸 답은 결국 수많은 교육자가 이미 한 말과 글의 요약일 뿐이기 때문입니다. 창의력 교수법, 교육경험 디자인 기술, 감정코칭 관계의 기술과 회복탄력성, 자기회복 기술 등은 이미 교육자들이 제시해서 인터넷에 떠도는 해결책들입니다.

챗봇의 제안은 선도적인 교육자들이 이미 제시하고 시도하고 있는 방안들입니다. 이제는 일부가 아니라 대다수가 실천해야 하는 일만 남았습니다.

10년 후에 다시 챗봇에게 물어볼 계획입니다. "한국 교육 혁신이 얼마나 성공적이었는가?"

다음은 제가 예측하고 기대하는 챗봇의 답입니다.

"한국은 교육 혁신을 위해서 정부, 학교, 학부모, 학생들이 함께 노력하여 더 나은 사회를 만드는 데 성공하여 세계적인 모델이 되었습니다."

인생 교육과 인성 교육

유엔미래보고서에 따르면 앞으로 사라질 직업들을 언급하면서 대표적인 예로 교사를 꼽았습니다. 누구나 지식과 정보를 손쉽게 접할 수 있는 정보화 시대가 절정에 이르렀기 때문입니다. 눈부시게 진화하는 스마트 ICT 환경과 글로벌하게 무료로 개방되는 방대한 온라인 콘텐츠를 보면 지식 전달은 이제 사람보다 기계가 훨씬 더 잘 다루는 세상이 왔다는 사실을 인정할 수밖에 없습니다.

사실, 인류 역사는 인간이 기계와 경쟁해서 계속 져온 역사입니다. 농업화 시대가 저물면서 인간의 육체 노동력을 농기계가 대신하는 바람에 농부 95퍼센트가 농촌을 떠나야 했고, 산업화 시대 끝자락에 인간의 기능 노동력을 기계자동화가 대처하면서 많은 실직자가 생겼고, 이제 정보화 시대가 열매를 맺으면서 심지어 전문직마저 위협받고 있습니다.

사람처럼 생각하고 학습하는 인공지능 기술이 날로 발달하면서 미국의 경우 로봇이 10년 이내에 직업의 3분의 1을 빼앗고, 의사와 같은 고도의 전문 일자리마저 잠식할 것이라는 예측도 있습니다. 이미 스마트폰이 우리의 주치의 역할을 하고, 로봇이 수술을 하고, 명의 한 명이 전 세계 환자를 대상으로 원격 진료하는 세상이 도래했습니다.

이러한 환경에서 기계가 더 잘하는 정보 암기력과 정보처리 능력을 내세우는 교사가 설 땅이 없겠지요. 아, 그러나 너무 걱정할 필요가 없습니다.

> 지식 전달자 역할의 교사는 도태되고 지혜를 전달해 주는 멘토 역할의 교사는 각광받게 됩니다.

그렇다면 우리는 지식 전달자와 멘토의 차이를 확실히 알고, 후자가 되는 연습을 지금부터 해야 합니다.

지식 전달자와 멘토 사이에 큰 차이가 하나 있습니다. 지식 전달자는 지식에 초점을 맞추지만, 멘토는 사람에 초점을 맞춥니다. 지식 전달은 기계가 사람보다 더 잘할 수 있습니다. 하지만 오로지 사람에서 사람으로만 전달되는 게 있는데, 바로 지혜입니다.

사전에서 지혜를 "사물의 이치를 깨닫고 통합하는 정신적 능력"이라고 하고, 종교계에서는 지혜를 "옳고 그름을 가려내고 미혹에서 깨어나게 하는 마음의 작용" 또는 "모든 지식을 통찰하고 살아있는 것으로 만드는 감각"이라고 합니다. 지혜는 사람이 도덕적 삶을 살기 위해서, 진정으로 잘 살기 위해서 필요한 요소인 것입니다.

그러니 지식 전달 교육은 죽은 교육이고, 지혜 전수 교육이야말로 사람[人]이 살아있는 생(生)교육이라 할 수 있습니다. 즉, 인생(人生)교육이며, 구체적으로 마음[心]이 살아있다는 뜻에서 인성(人性)교육이라고 할 수 있습니다.

인간발달을 여덟 단계로 구분한 아동정신분석학자 에릭 에릭슨(Erik Erikson)은 맨 마지막 단계인 지혜는 죽음에 대한 절망감을 초월함과 자아통합감이라고 했습니다.

자아통합이란 인간이 지닌 최고의 두 자원인 생각과 감정을 연결하고 조율하고 조화를 이룬 상태라고 생각합니다. 생각과 마음이 분리되어 찢기면 고통스럽습니다. 머리의 이치와 마음의 이치가 합쳐진 상태가 합리(合理)적인 삶입니다.

자기초월과 연민심(compassion)은 자기중심에서 벗어나 타인과 공감하고 연결되어 살아가는 삶을 뜻합니다. 이러한 상태가 인간이 도달할 수 있는 최고의 경지라고 할 수 있습니다.

인공지능 기술이 날로 발전하는 시대 우리는 지식 위주 교육을 줄이고, 지혜를 키우면 됩니다. 우리는 예로부터 동방예의지국이라는 평을 들을 만큼 세계 최고의 심적 자원을 보유했습니다. 잊고 있었던 그 자원을 살린다면 미래가 무척 밝아 보입니다. 이미 세계 최고 수준인 머리 쓰는 방법에 세계 최고 수준인 마음 쓰는 방법까지 더해지면 지혜 기반 교육이 이뤄지게 됩니다.

지식 전달에서 해방되고 지혜 전달에 치중하는 교육자를 그려봅니다. 삶을 위한 교육만이 아니라 삶을 위한 인생교육을 적극적으로 실시하는 스승님을요.

교권 회복을 위한 세 가지 통찰

몇 년 전 전국 각지를 돌며 거의 모든 초중고 교장선생님을 직접 만났습니다. 교육부 주최로 사회·정서적 역량을 키우는 프로그램이 얼마나 중요한지 설명하는 일이었습니다. 특히 창의적 인재양성과 인성교육이 교권 회복과 직결되어 있다고 말할 때 호응이 가장 큰 걸 보면서, 교장선생님들에게 가장 시급한 이슈가 교권 회복임을 확인하게 되었습니다.

그러면 교권은 어떻게 확보되는 것일까요? 아쉽게도 요즘 교육 현장에서 교권과 학생인권을 상대적이고 대립적 관계로 보는 경향이 있습니다. 학생인권이 강화되면 마치 교권이 위협받는 것처럼 걱정하기도 합니다. 하지만 교권은 학생인권과 맞싸워 쟁취하는 게 아닙니다. 오히려 맞싸울수록 교권은 더 바닥으로 추락하게 됩니다.

교권과 학생인권이 제로섬 게임이 되어야 할 필요가 없습니다. 두 가지가 동시에 확보될 수 있기 때문입니다. 아닙니다. 반드시 둘 다 강화되어야 합니다. 그래서 서로 존중해 주고 모두가 존중받아야 합니다. 교사와 학생 모두 소중한 존재이기 때문입니다.

저는 오래전부터 학생인권을 너무 내세우면 교권 강화가 요구될 것이며, 두 인권의 대립이 제로섬 게임이 되는 순간 학교 현장은 황폐화될 것이라고 말해 왔습니다.

교사가 학생에게 스승으로 다가가는 길만이 학생인권을 지키는 최고의 방법입니다. 역설적으로 그럴 때만 교사가 행복할 수 있습니다.

교권 회복을 위해서 세 가지를 고려하면 좋겠습니다. 첫째, 교육에 대한 인식 재고가 필요합니다. 교육을 어떻게 인식하는가에 따라 해결책이 달라지기 때문입니다. 우리는 '교육의 알파와 오메가 교사다'라는 사실을 잘 알고 있습니다. 그런데 교육을 둘러싼 수많은 문제를 고민하는 사이에 정작 교사가 잊힌 게 아닌가 싶습니다.

교육문제는 도저히 차근차근 풀 수 없는 뒤엉킨 실타래 같다고 말합니다. 그래서 고르디우스의 매듭을 단칼로 잘라버린 알렉산더 대왕 같은 위인이 나타나서 교육문제를 속 시원하게 해결해 주길 바라는 것 같습니다. 하지만 그런 위인이 나타나지도 않을 뿐더러 설령 나타나더라도 그가 할 수 있는 일이란 별로 없을 것입니다. 교육문제는 실타래가 아니라 거미줄이기 때문입니다.

우리가 교육문제를 꼬이고 엉킨 실타래로 인식하는 바람에 교육 중심에는 접근하지 못한 채 표면만 뜯어 고치거나 새롭게 겉포장만 했던 게 아닌가 싶습니다. 하지만 교육 현장은 실타래가 아니라 교과과정, 학생평가, 대학입시와 더불어 생활지도, 학생인권, 교복, 급식, 교원양성 시스템과 교권 등 수많은 크고 작은 요소들이 서로 세밀하게 연결된 거미줄 같습니다. 각 요소들이 사방팔방으로 잡아당기고 있는 거미줄은 어느 부분도 잘라내거나 무시할 수 없습니다. 다 필요하고 중요한 요소들입니다.

> 교육은 복잡하게 뒤엉킨 실타래가 아니라 중심 잡고 균형을 이룬 거미줄입니다.

거미줄 한 부분을 건드리면 연결된 다른 부분에 영향을 미칩니다. 그러니 교육의 어느 한 부분에 손대면 예기치 못한 결과가 나타나고 엉뚱한 곳에서 부작용이 불거져 나오게 되어 있습니다. 그 바람에 해결책을 수정하고 보완하는 일을 끝없이 반복하게 됩니다.

하지만 거미줄은 바람이 불어도 잘 버텨냅니다. 어느 한쪽으로 치우치지 않고 팽팽한 균형을 이루고 있기 때문입니다. 거미줄은 중심이 매우 잘 잡혀 있으며, 그 중심에는 밖으로 당기는 원심력을 잘 지탱해 주는 힘이 있습니다. 그러나 거미줄 중심을 보면, 굵은 줄로 촘촘하고 강하게 매듭지어져 있지 않습니다. 거미줄 중심이 거대하거나 주변을 압도하지도 않습니다. 오히려 그 반대입니다. 중심은 텅 비어 있으며 그저 모두를 연결해 주고 조율해 줄 뿐입니다.

이같이 우리 교육에도 중심이 잡혀있어야 합니다. 그 중심에 바로 교육자가 있으며, 교권이 있어야 중심을 지켜낼 힘이 생깁니다. 그러나 교권이 묵직하거나 고귀할 필요는 없습니다. 그냥 학생들과 연결되어 서로 통하고 조율하면서 교육의 중심에 존재하면 됩니다.

둘째, 교권이 확보된 미래를 상상해야 합니다. 현재 교권이 추락한 것이 문제이니 과거로 회귀해야 한다고 말하는 사람들도 있습니다. 그러나 교사가 다시 '사랑의 매'를 들고 학생들이 선생님의 그림자도 밟지 못하던 시절로 되돌아가자는 것은 시대착오적인 생각입니다. 오히려 생각의 시간 방향을 반대로 틀 때 희망이 보입니다. 우리가 원하는 미래를 먼저 상상하고, 그 비전을 이루기 위해서 오늘날 우리가 해야 할 일을 찾는 것이지요.

교권이 강화된 미래를 상상해 봅시다. 과연 학생과 교사의 모습은 어떻게 달라질까요. 저는 학생들 입을 주목합니다. 학생들이 교사를 "쌤"이라고 부르지 않고 "스승님"이라 할 때 비로소 교권이 회복되었다고 판단할 것입니다.

우리는 학생의 미래를 희망차게 만들어주기 위해서 교사가 되었습니다. 우리는 밝고 힘차고 긍정적 에너지의 원천이었습니다.

교사는 어렵고 어두운 교육 현실에 악영향을 받는 존재가 아니라 학생들에 밝고 선한 영향을 주는 존재입니다. 이러한 존재성을 회복하는 게 교권 회복입니다.

셋째, 교사가 다시 스승이라고 불리기 위해서 오늘날 우리는 무엇을 해야 할까요. 저는 지식을 전달하는 교사는 "쌤"이고 지혜를 전달하는 교사가 "스승"이라고 생각합니다. 즉, 지혜 전달 교육은 학생과 교사의 심장이 뛰는 수업이며 생기가 도는 교육을 뜻합니다.

학생들이 필요한 지식은 이미 실시간으로 아무 때나 어디서라도 접할 수 있습니다. 이제 지식 전달은 굳이 교사가 하지 않아도 됩니다. 학생에게 필요한 교사는 몸과 마음을 잘 사용하는 방법을 몸소 실천하여 보여주고, 소통과 갈등관리 기술을 보여주고, 세상에 기여하고 세상을 이롭게 한다는 가치관을 깨닫게 해주는 어른입니다. 이러한 사회·정서적 역량이야말로 오로지 인간만이 전해줄 수 있는 내용입니다.

교사가 다시 희망의 원천이 되는 날이 기다려집니다. 교육시스템은 교권 회복을 가장 중요한 과제로 여겨서 올해가 스승이라는 말을 되찾아오는 원년이 되길 바랍니다.

닮고 싶은 스승

우리가 학교를 다니면서 몇 명의 교사와 교수를 만날까요? 아마 어림잡아 100명은 될 것입니다. 그러면 그 중 몇 분을 오랜 세월이 지나도록 스승으로 여기고 있을까요?

저는 세 분의 스승을 모시고 있습니다. 고등학교 수학 선생님, 대학원 지도교수님 그리고 우연히 만난 은퇴하신 교수님입니다. 아주 오래전 일이지만 저는 세 분을 떠올리면 여전히 감사함과 그리움에 가슴 저립니다.

저는 중학교 때까지는 참으로 멍한 아이였습니다. 공부를 못했지만 그게 창피한 것인지 몰랐고, 불행인지 다행인지 공부를 안해도 야단치는 사람이 없었습니다. 그래서 신나게 놀았던 기억만 있습니다. 야무진 꿈이 없는 대신 꿈같은 사춘기를 보낸 셈입니다.

그러나 고등학생이 되면서 늦은 밤에 부모님의 한숨 소리를 듣게 되었습니다. 제 위로 누이가 넷이나 있었는데 모두 대학교와 대학원에 진학한 터라 그들의 등록금과 생활비를 마련해야 하는 부모님의 고민과 걱정이 태산이었습니다. 그래서 저는 장학금을 받지 못하면 대학교를 가지 못할 수 있겠다는 경제적 현실에 부딪치게 되었습니다.

다행히도 저는 수학을 잘한 덕에 장학금을 받고 대학에 들어갔습니다. 고등학교 수학 선생님이 칠판에 그리는 완벽한 선과 원에 감탄하고 신기해 하다가 결국 수학에 재미를 붙이면서 좋아하고 열심히 공부하게 되었기 때문입니다. 선생님의 간단명료한 설명에 매료되었고 남을 가르치는 일에 매력을 느꼈습니다.

수학 선생님은 교실 밖에서도 제 마음을 사로잡는 활동을 많이 하셨습니다. 특히 딱한 처지에 놓인 학생을 돕는 선생님의 모습이 멋있고 정의롭고 진실하게 보였습니다. 그래서 선생님의 겉모습이라도 닮고 싶었습니다. 제가 항상 검정 바지를 입고 하얀 셔츠 소매를 걷어 올리는데, 그 수학 선생님의 옷차림을 그대로 흉내 낸 것입니다. 그러니 그 선생님의 영향력은 40여 년이 지난 오늘날도 여전히 진행 중인 셈입니다.

대학원에 진학해서는 오히려 수학 때문에 공부를 포기하고 싶었습니다. 응용수학자인 지도교수님 밑에서 공부하기가 벅찼기 때문입니다. 프린스턴 대학교 역사상 유일하게 사제지간에 대를 이어 석좌교수직을 물려받은 지도교수님은 밤낮을 가리지 않고 연구에 최선을 다하셨습니다. 제자들에게도 당연히 그리하길 요구했고, 따라오지 못하는 제자를 탐탁지 않아 하셨습니다. 그래서 제자 중 삼분의 일은 쫓겨나고, 삼분의 일은 스스로 떠나고, 나머지 삼분의 일만 박사학위를 받을 정도였습니다.

저는 지도교수님의 열정과 사고력을 본받고 싶었지만 많이 부족했습니다. 박사 자격시험에 턱걸이로 붙었고 연구 실적도 변변치 못했습니다. 그런데도 지도교수님은 저를 내치지 않았습니다. 아마 최선을 다해 노력하는 모습만큼은 인정해 주셨던 것 같습니다. 오히려 제게 연구실 운영을 맡길 정도로 무한 신뢰를 보여주셨습니다.

그러한 교수님의 태도가 연구를 더 열심히 하게 만든 자극이 되었지만 동시에 부담으로 다가왔습니다. 아무리 노력한들 지도교수님의 발끝도 못 따라가겠다는 좌절감과 능력에 한계를 느껴 자괴감에 시달리게 되었습니다. 그래서 공부를 포기하고 학교를 떠나려는 생각도 했습니다.

그렇게 방황하던 중 한국에서 방문 교수로 오신 원로 교수님을 우연히 만나게 되었습니다. 고고학자이자 국립박물관 관장이셨던 고(故) 김원룡 교수님입니다. 그분을 버클리 대학교 캠퍼스에서 단 30분 정도 만났고, 아쉽게도 그후로 다시 만나 뵙지는 못했습니다. 그러나 그 짧은 순간 교수님은 제 인생을 바꿔놓으셨습니다.

그때 김원룡 교수님은 제게 "여러모로 감명 주는 호인물"이라고 격려를 해주셨습니다. 어찌 보면 따뜻한 격려 한마디를 베푸신 것

뿐인데, 저는 그날 이후로 자신에 대한 믿음이 생겼고 제 미래에 대한 희망을 느끼게 되었습니다. 스스로를 부족하게 여기는 올가미로부터 해방되었고, 새로운 가능성을 만나게 되었습니다.

지금도 어려움에 봉착하면 그분이 해주신 말씀 한마디를 떠올리고 마음을 다잡습니다. 세월이 흘렀는데도 말 한마디가 그리 큰 위력을 발휘하는 게 참으로 경이롭습니다. 그것이 스승의 특별한 존재성인 모양입니다.

이처럼 제게 큰 영향을 끼친 스승님 세 분 모두 다른 모습으로 제게 가르침을 주셨습니다. 8년이라는 긴 세월을 밤낮없이 함께 생활하다시피 한 스승님이 계시는가 하면, 인생 시계에서 볼 때 찰나에 해당되는 30분이라는 짧은 만남에서 스승이 되어주신 분도 계십니다. 빈틈없고 정확한 전문성과 지성의 본보기가 되어주신 분이 계시는가 하면, 여유롭고 풍요로운 인성과 감성의 모델이 되어주신 분도 계십니다.

하지만 세 분 모두 제게 진실, 최선과 베풂이 무엇인가를 보여주셨습니다. 지식을 넘어서 지혜를 전달해 주셨습니다. 그분들이 지식 전달자가 아니라 멘토였기 때문에 스승님으로 모시는 것입니다.

이제 다시 따져봅니다. 제가 교육자로 살아온 지 대략 40년이 됩니다. 그리고 약 3,000명의 학생이 제 수업을 들은 것 같습니다. 그리고 훨씬 더 많은 학생과 짧은 만남을 가졌을 것입니다. 과연 몇 명이나 저를 스승으로 여기고 있을까요. 저는 답을 알 도리가 없습니다.

아, 참으로 두렵습니다. 저는 스승님들로부터 지혜를 전달받았건만 과연 저는 학생들에게 무엇을 전달해 주었을까요. 만약 제가 받은 지혜를 다음 세대로 전달하지 못했다면 그 책임을 어떻게 져야 한단 말입니까.

그러나 다행입니다. 아직 학생들을 만날 수 있는 날이 조금 남아 있기 때문입니다. 마지막 기회라 여기고 진심과 최선을 다해서 스승님을 닮아보려고 합니다.

성장의 기회를 만들어주는 사람

10년 전에 멘토링해 준 대학생들이 카네이션을 들고 저를 찾아오겠다고 합니다. 오랜만에 받는 연락이 너무 반갑고, 저를 잊지 않았다는 게 고맙고, 그들과 다시 만날 게 설렜습니다. 사회초년생이라서 무척 바쁜 나날을 보내고 있을 텐데 그때 함께했던 학생들 거의 전원이 함께 시간을 맞춰서 오겠다니 뿌듯했습니다. 저와 함께 보냈던 시간을 여태껏 마음에 잘 간직해 준 것 같아서입니다.

근데 참 이상합니다. 일 년 내내 열심히 가르친 학생들은 감감무소식인데 단 몇 회기 만난 학생들이 찾아온다는 걸 어떻게 설명해야 할까요. 수업할 때는 매번 최선으로 준비했고, 추천서도 꼬박꼬박 써주었고, 고민 상담에 시간을 후하게 내주었습니다. 그럼에도 저를 찾아오는 학생이 없으니 혹시 제가 그들에게 뭘 잘못했거나 섭섭하게 했는지, 기억을 더듬어보지만 도무지 모르겠습니다.

이와 반대로 멘토링할 때는 강의 준비도 따로 하지 않았고, 상담도 없었고, 그 흔한 맛집 회식도 없었습니다. 그런데도 무엇이 그리 좋은 추억으로 남았기에 10년이 지난 후에 다시 찾아온다는 건지 수수께끼처럼 아리송했습니다.

학생들에게 쏟은 열정과 시간에 완전히 반비례하는 듯 보이는 이 현상을 어떻게 설명해야 하나요. 과연 스승이란 무엇인가를 따져보지 않을 수 없습니다.

일단 스승은 공부시키는 사람이 아닌가 봅니다. 교수 생활 40년간 공부시킨 학생은 많지만 찾아오는 이가 없어 좀 허망합니다. 스승은 진학을 위해 추천서를 써주는 사람도 아닌가 싶습니다. 그때 입 닳도록 고마워했던 학생들마저 아무 소식이 없으니까요. 괘씸하지만 저 역시 추천서를 써주신 선생님을 찾아뵙지 않았으니 화낼 처지가 전혀 아닙니다. 스승은 고민거리를 상담해 준 사람도 아닌 것 같습니다. 그때 해준 조언이 도움이 되지는 않았는지 기별이 없어서 괜한 잔소리였나 싶어 뒤늦게 민망해집니다.

그럼 대체 무엇 때문에 10년 후에 찾아와서 카네이션을 달아준다는 걸까요. 멘토링할 때 오히려 학생들이 싫어하는 과제를 많이 내줬습니다. 회기마다 학생은 둘씩 짝지어 당번을 정해서 점심, 설거지, 엔터테인먼트, 자기소개, 게스트 멘토를 담당했습니다. 이처럼 활동은 지극히 평범했는데, 굳이 특이한 점이라면 활동에 임하는 규칙이었습니다.

식사 준비 당번은 한정된 예산으로 원재료를 사야 했고, 모임 장소에 미리 와서 직접 요리해야 했습니다. 요리는 거의 모두가 평생 처음 하는 것이어서 어머니에게 조언을 구하고 사전 연습마저 해온 학생도 있었습니다. 그동안 어머니가 얼마나 수고하셨는지 비로소 깨달았고, 음식을 맛있게 먹는 자녀를 지켜보며 흐뭇해하는 어버이의 마음도 알게 되었답니다.

식사 후 수북이 쌓인 설거지와 음식 찌꺼기는 당번이 모조리 맡아서 처리해야 했습니다. 설거지보다 남은 음식 뒤처리가 만만치 않음을 깨닫게 되었습니다. 아무쪼록 음식은 정도껏 준비하고 적당히 떠가서 남김없이 먹는 게 진정으로 사려 깊은 행실임을 알게 되었습니다.

식사 후 30분 동안 이어진 엔터테인먼트에는 담당 팀이 노래를 부르거나 매직쇼를 펼쳐도 되지만 반드시 본인의 재능을 활용해야 했습니다. 사람을 짜증나게 만드는 건 쉽지만 유쾌하게 하는 게 얼마나 어려운지 알게 되었고, 타인을 즐겁게 만드는 역량을 하나라도 확실하게 갖추어야겠다고 다짐하는 계기가 되었답니다.

자기소개 당번은 자신의 현재, 과거와 미래 모습을 그려내야 했지만 주어진 시간은 단 5분이었습니다. 내용을 선별하고 간추리고 압축하는 게 엄청 어려웠다고 합니다. 그렇지만 그 시간을 통해 인생에 흐름이 있고, 위기와 기회가 있고, 순간의 선택에 따라 달라진다는 사실을 알게 되었답니다. 그간 얼마나 사소한 일에 쓸데없이 매달리며 살았는지 알아차렸고, 앞으로 좀더 굵직하게 살고 싶다고 했습니다.

매 회기에 다양한 전문 영역과 연령대의 게스트 멘토가 초대되었고, 당번은 질문을 준비해야 했습니다. 다정한 70대 노부부를 만났을 때 가장 마음속 깊게 감동했고, 자신들보다 어린 고등학생을 멘토로 맞이했을 때 가장 큰 정신적 충격을 받았습니다. 이들처럼 열심히, 성실히, 후회 없이 살고 싶다고 했습니다.

이렇게 10개 대학에서 온 대학생 10명이 10개월 동안 매달 한 차례, 총 10회기 만났는데 10년이 지난 후에 저를 스승이라고 찾아오겠다는 겁니다. 아마 제자가 원하는 스승은 성공 전략이 아니라 성장의 기회를 만들어주는 사람인가 봅니다. 자신을 알아볼 기회, 생각을 공유하는 기회, 타인에게 기여하는 기회, 하찮은 것에서 가치를 발견하는 기회, 인생이 지극히 평범한 일들의 연속으로 이루어졌음을 깨닫는 기회를 주는 것 말입니다.

이 과정에 잘하면 격려해 주고, 못해도 격려해 주는 사람을 스승으로 여기는 것 같습니다. 이래라저래라 지적하며 가리키는 지시자가 아니라 이리저리 보살피며 가르치는 지지자를 선호하는 것 같습니다. 맞고 틀림에 대해서는 관대하되 옳고 그름에 대해서는 엄격한 사람을 믿고 따르는 것 같습니다. 관찰하고 평가하되 등급을 매기지 않고 발전시켜 주는 사람을 기억하는 것 같습니다. 바로 이런 일을 하는 사람을 '어른'이라고 부를 수 있을 듯합니다.

학생들에게 그냥 나이만 먹은 어르신이 아니라 어른스러운 존재가 필요합니다. 꼰대라는 경멸의 대상이 아니라 닮고 싶은 대인의 모델이 필요합니다.

아이에게 어른의 모습을 보여주고, 아이를 어른으로 성장시켜 주는 사람이 어른입니다.

요즘 아이들 주변에 어른이 아니라 어린이가 넘치는 게 문제입니다. 많은 아이가 가상세계에서 난폭한 게임 캐릭터와 동일시하며 망나니가 되어봅니다. 허황되고 이상야릇한 만화 캐릭터에 이입하며 환상세계에 빠져듭니다. 나머지 시간에는 10대 아이돌을 우상화하고 10초 짤에 삼매경입니다. 미성숙한 아이들끼리 모여 서로 모방하며 결국 미성숙한 상태에서 벗어나지 못하고 맙니다.

현실세계에서도 매한가지로 어른을 만날 기회가 너무 희박합니다. 아이들이 가장 많은 시간을 보내는 학교와 학원에는 어른 한 명에 아이들 수십 명씩 모여 있지요. 집에 가도 어른이 안 계시는 경우가 너무 흔해졌고, 계신다 해도 방문을 닫으면 아이는 혼자입니다. 세상과 단절된 고립 상태에서 마음의 빈곤을 달래기 위해 아이는 게임이나 약물과 연결됩니다.

성숙한 어른의 따뜻한 시선과 섬세한 손길이 턱없이 부족한 곳에서, 어떨 땐 폭군의 차가운 눈초리와 매서운 손질이 빈번한 곳에서 아이들은 밝게 성장하지 못합니다. 이런 열악한 환경에서 대를 이어가기가 망설여지는 건 당연합니다.

그래서 오늘날 대한민국의 가장 큰 위기인 저출산율을 해결하는 방법은 더 많은 현금을 살포하는 게 아니라 아이 주변에 성숙한 어른 비율을 높이는 일입니다. 학생 수가 급감하는 이참에 교원을 감축하지 말고 역으로 대폭 증가하는 역발상이 절실히 필요합니다. 학부모와 교원이 서로 대립이 아니라 합심하는 관계로 부활해야 합니다.

오월에 스승의 날과 어버이의 날, 어린이날이 연이어 있는 게 우연이 아닙니다. 오월은 어린이와 어른이 잠시나마 서로 진심으로 마주 보는 시간입니다. 서로에 대한 편견과 착각을 버리고, 서로를 향한 목표와 지표를 내려놓고, 서로 얼마나 소중하고 필요한 존재인가 확인하는 날입니다.

'스승은 마음의 어버이'라는 노래 가사처럼 교육자는 지고한 전문가가 아니라 지혜로운 어른으로 거듭나야 합니다. 스승의 날이 가슴에 가짜 카네이션(carnation) 꽃을 다는 날이 아니라 진짜 어른으로 인카네이션(incarnation) 하여 꽃피는 날이 되면 좋겠습니다.

실망하지 않고, 내색하지 않고, 짝사랑하듯

화창한 5월 봄날입니다. 노란 개나리, 연분홍 벚꽃, 하얀 목련. 화려하고 아름답기 짝이 없지만 제 눈엔 길가에 올망졸망 모여있는 팬지꽃이 먼저 들어옵니다. 팬지꽃 중에 단연 자주색 꽃이 최고입니다. 초등학교 시절 담임선생님이 자주색 팬지꽃 모종을 제 손에 쥐어주셨기 때문이지요.

그때를 돌아보면 선생님이 주신 꽃이어서 혹시 꽃잎이 다칠까 조심스레 두 손으로 감싸 안고 집으로 왔습니다. 그리고 마당에 심었습니다. 집 마당에 이미 많은 꽃들이 피어있었지만, 그때 비로소 제 눈에 꽃이 보였습니다. 아름답다고는 생각하지 못하고 그냥 좋았습니다. 선생님이 주셨기 때문이지요.

저는 아직도 팬지꽃을 보면 담임선생님이 떠오릅니다. 얼굴은 그려지지 않지만 느낌으로 다가옵니다. 제 어깨에 손을 얹고 환히 웃으시던 따뜻한 느낌으로 기억됩니다. 그래서 5월, 팬지꽃 피는 봄에는 마음이 아파옵니다. 선생님이 그립기 때문이지요.

아버지도 그립습니다. 이국땅에 살 적에 집 앞마당에 자그마한 연못을 만든 적이 있습니다. 한반도 모양으로 만들어 붕어라도 남북을 맘껏 드나들게 했습니다. "너희 시대에는 통일한국이 될 거다, 그때를 대비해야 한다. 그땐 너도 한몫하거라." 늘 제게 당부하셨습니다. 그렇게 저를 믿어주신 아버지가 몹시 그립습니다.

어머니도 그립습니다. 어머니는 제가 어이없는 성적으로 유급했을 때도 야단치지 않으셨고, 예상치 못하게 월반 했을 때도 내색하지 않으셨고, 그저 엄마의 아들이기에 사랑해 주셨습니다. 속 깊이 숨긴 짝사랑이었지요. 그래서 이제야 제가 짝사랑을 하는 모양입니다. 어머니가 사무치게 그립습니다.

선생님, 아버지, 어머니. 제게 소중한 분들이 그리워지는 봄입니다. 그러나 이제 달랠 길 없는 그리움이 되었습니다. 하루하루 달라지는 부모님의 모습을 두 눈으로 똑똑히 보면서도 왜 좀더 잘 해 드리지 못했을까. 왜 더 늦기 전에 선생님을 찾아뵙고 인사드릴 생각조차 하지 못했을까. 무엇이 더 중요했단 말인가. 뉘우치게 됩니다.

하지만 제 어리석음에 비관하지 않습니다. 그다지 창피하지도 않습니다. 철면피여서가 아니라 드디어 조금 지혜로워졌기 때문입니다.

어리석음은 젊음의 권리입니다. 지혜로움은 노년의 선물입니다. 어리석었던 경험으로 뒤늦게 얻어지는 선물이지요. 그래서 젊은 날의 어리석음은 용서가 됩니다.

지혜로움은 새로운 지식에서 얻어지는 게 아니라 먼저 살았던 선생(先生)의 흔하디흔한 중얼거림을 후생(後生)이 따라 하는 것입니다. "사랑은 내리사랑이다" "조국이 있기에 나도 있는 거다" "스승은 어버이와 같다" 어느덧 이런 구태의연한 말들이 자연스럽게 제 입에 오르내립니다. 그래서 조금 지혜로워졌는가 싶은 생각이 듭니다.

이제 제 학생들을 바라봅니다. 지난 수십 년간 참으로 많은 학생에게 잘해주었습니다. 그러나 저는 압니다. 그들 역시 저와 같을 것을요. 그들이 제 나이가 되어서나 저를 그들의 부모와 함께 생각해 주리란 것을요. 한 50년 후에, 젊음의 어리석음이 노년의 선물로 이어진 후에라야 한다는 것을요.

어허, 한 50년이라. 제 학생들로부터 사랑한다는 말을 듣기 글렀나봅니다. 진심 어린 감사의 말을 듣기 글렀나봅니다. 제 이름과 얼굴은 사라지고 그저 희미한 느낌으로 떠오를 때가 되어야겠지요. 팬지꽃 피는 봄이 올 때 누군가의 가슴에 달랠 길 없는 그리움으로 남을 때가 되어야겠지요.

그러나 슬프지 않습니다. 당연하니까요. 그래서 오늘, 꽃송이 하나 어린 학생 손에 쥐어줍니다. 그리고 학생들에게 말해 줍니다.

너희 시대에는 통일한국일 것이라고, 그날을 준비하라고, 그리고 그 일을 너희들이 해낼 거라 믿는다고.

오늘도 학생을 위해 노력합니다. 그들이 내 사랑을 알아주지 않은들 실망하지 않고, 내색하지 않고, 짝사랑하듯 합니다. 그게 스승이니까요.

교사도 정서적 연결이 필요하다

　　　　　　　　　　　침통한 가을학기입니다. 폭우와 무더위가 번갈아가며 힘들게 했던 여름이 이제 지났는가 싶더니 내 눈에 눈물이 폭포같이 흐르고 내 마음속 열불은 땡볕보다 더 뜨겁습니다. 날씨는 그나마 견뎌냈는데 내 안의 물불은 잘 다스려지지 않습니다.

　제단 앞에 살포시 내려놓은 하얀 카네이션이 마치 제 것인 양 손에서 쉬이 떨어지지 않습니다. 그냥 한 교사의 소중한 삶이 지나가나 싶었는데, 두 분 세 분 줄 잇다보니 어느덧 내 삶이 주마등처럼 스쳐 지나갑니다.

　40년 전 제가 교육자의 길에 나섰을 때, 그땐 파란 하늘에 뭉게구름이 떠있었습니다. 존경받고 따름 받는 스승으로 어여쁜 제자를 만난다는 설렘에 제 마음이 구름처럼 뭉클했습니다. 그러나 오늘은 먹구름이 잔뜩 끼고 제 마음은 여전히 떨립니다. 설레서가 아니라 분해서 겁나서 요동치고 떨립니다.

이제야 정신이 번쩍 듭니다. '우연은 아닐 것이다. 뭔가 잘못돼도 크게 잘못된 거야. 이렇게 된 데는 다 원인이 있어. 이것 때문이고 저것 때문이야.'

적을 한 명 발견했더니 여기저기 의심되는 적이 눈에 더 뜨이기 시작합니다. 옆 동료와 눈빛 교환으로 의심이 어느새 확신으로 바뀝니다. 적의 존재가 명시된 피켓을 들고 모이니 오히려 적에 둘러싸인 위기감이 듭니다. 그래서 적개심이 솟구쳐 올라오고 정신이 피폐해집니다.

세기의 최고 첩보영화 '007 시리즈' 주인공 제임스 본드가 한 말이 떠오릅니다. "한 번은 그냥 벌어진 일, 두 번은 우연의 일치, 그러나 세 번은 적의 공작이다." 피식 웃고 넘겼던 영화 명대사가 이제 새삼스럽게 다가옵니다.

'맞아, 우연일 수 없지. 우리를 곤궁에 빠트린 적대세력이 있잖아. 여태껏 우리는 너무 참고 묵묵하게 견뎌왔지만 이대로는 더 이상 안 돼. 우리도 살아야지.'

맞습니다. 우리도 살아야 합니다. 그런데, 살더라도 잘 살아야 합니다. 이왕 사는 것, 가치 있게 살고 싶습니다.

'남이야 어떻게 되든 나만 잘 살면 돼'라는 식은 잘 사는 게 아닙니다. 죽은 듯이 사는 것도 잘 사는 게 아니지요. 잘못 살면 불행해지게 됩니다. 살되 어떻게 살아가는가가 중요합니다.

사는 모습과 방식이 가지가지입니다. 좀 엉뚱한 비유지만 하나 예를 들어보겠습니다. 저희 집 뜰에는 강아지와 고양이 여럿이 살고 있습니다. 자기 꼬리를 잡으려고 분주한 막둥이, 밥시간만 기다리는 복돌이, 마음 편하게 잠자는 나비와 자기 집에 꽁꽁 숨은 꼬꼬가 있습니다. 뜰에는 이들 외에 다양한 꽃과 나무도 있습니다. 저와 마찬가지로 동식물도 똑같은 시공간에 살고는 있지만 엄청나게 큰 차이가 있습니다.

우리말에는 '살아있다'와 '살아간다'라는 표현이 있는데 후자는 사람에게만 사용합니다. 개나 고양이가 어떤 모습을 보이더라도 살아간다고 하지 않습니다. 동식물은 그냥 살아있을 뿐입니다.

사람에게만 사용하는 '살아간다'는 말은, 사람은 어디론가 향한다는 뜻이 내포되어 있습니다. 사람은 목표의식을 지니고 어느 방향을 선택해서 미래로 나아가는 존재입니다.

사람은 그저 생존하는 게 아니라 비전이나 꿈을 지니고 성장(成長)하는, 단어 그대로 '어른으로 되어가는' 존재입니다. 나이만 먹는 게 아니라 '사람 구실'을 하는 어른으로 커 가는 것입니다. 우리 교육자는 이 과정에 중추적 역할을 맡은 특별한 존재이지요.

사람은 어디론가 바람직한 곳으로 나아갈 때 비로소 잘 사는 것입니다. 이는 은퇴한 제 친구들이 확실히 보여줍니다. 자신과 가정을 위해 열심히 일하며 성실하게 살아온 친구가 은퇴 후에 확 늙어버리는 경우를 종종 보았습니다. 그 친구는 돈도 충분히 모았고 명예도 얻었고, 자녀들도 자립시켜 놨으니 누가 보더라도 성공한 인생입니다. 그래서 지금은 마땅히 쉬고 있는데 그다지 편해 보이지 않습니다. 만날 때마다 죽지 못해서 살고 있다고 하소연합니다.

어떤 친구는 여태껏 해야 할 일만 하며 살았으나 이제는 자신이 하고 싶은 걸 할 수 있어서 신난답니다. 젊었을 때 못 입던 화려한 옷을 사 입고 골프장을 원 없이 들락날락하고 있습니다. 그러나 매해 18개국을 돌며 세계 전문가를 온종일 호령하던 친구가 고작 18홀을 돌며 저녁내기로 호객하고 있습니다. 그나마 그리할 수 있는 재력과 체력이 있는 게 다행이지만 과연 얼마나 더 할 수 있을지 염려됩니다.

친구 중에 교육자는 은퇴 후에도 방과 후 수업에서 진로 강사로 활동하고 있습니다. 비록 본래 전공과 무관하지만 그래도 학생이 '사람 구실' 하도록 돕는 스승의 삶을 이어가고 있습니다. 그저 은퇴한 직장인이 아니라 더 큰 어른으로 살아가고 있습니다. 원 없이 골프를 칠 재력은 없지만 '내일 하루를 또 어떻게 보내야 하는가'를 고민하지 않습니다. 어떠한 내일이 오더라도 기쁘게 맞이할 여력이 있습니다. 심지어 본인이 원하는 미래를 조금이라도 만들어낼 수 있는 자력을 뽐냅니다. 그 친구는 여전히 생기가 넘칩니다.

이런 이야기는 별로 위안이 되지 않겠지요. 당장 힘들고 괴로운데 생뚱맞게 먼 은퇴 후 이야기는 한가하게 들릴 테니까요.

맞습니다. 지금 우리는 위기임이 분명합니다. 우리가 나선 길이 험해졌습니다. 이 길을 계속 갈 것인가 말 것인가를 고민할 정도로 힘든 길이 되었습니다. 그런 고민이 있더라도 은퇴까지 남은 10~20년만이 아니라 은퇴 후 살아가야 할 최소 20~40년도 고려해야 합니다. 도착지를 염두에 두어야 엉뚱한 곳에 도달하지 않으니까요.

훗날을 위해 그냥 참고 견디라는 뜻이 아닙니다. 젊은 시절을 의미 있게 보내야 인생 후반부를 아름답게 보냅니다. 그래서 한번 교육자는 영원히 교육자로 살아갈 수 있음이 얼마나 좋은가를 알려 드리고 싶습니다.

교직은 숭고한 일이다

오늘 저는 여느 때와 다름없이 떠오르는 아침 해를 보았습니다. 오늘 본 해는 어제나 그제에 본 해와 조금도 다르지 않았습니다. 그러나 오늘만큼은 발길을 멈추고 해가 둥근 모습을 다 드러낼 때까지 쳐다보았습니다. 그리고 잠시 마음속 깊은 곳에 머물렀습니다. 떠나간 사람을 그리고, 소중한 사람에게 감사하고, 희망찬 내일을 소망하면서 아내의 어깨를 살포시 안았습니다. 새해 아침이었습니다.

비록 어제와 같은 해였지만 오늘만큼은 제가 해에게 '새' 해라는 의미를 부여했습니다. 그랬더니 저절로 두 손이 모아지고 소원을 빌게 된 것입니다. 오늘따라 간절한 마음이 통할 것 같은 희망이 느껴졌습니다. 저 같은 사람이 많았기 때문입니다. 어제는 한적한 산책길이었지만 오늘은 해맞이 나온 사람들로 북적였고, 저는 같은 뜻을 품은 동지를 만난 듯 좋았습니다. 그들도 똑같은 생각이었던 모양입니다. 그래서 우리 모두 온종일 행복했습니다. '의미'와 '가치'를 부여하는 게 참으로 위력적입니다. 우리가 해를 봤지만, 사실 해는 그대로였고 해를 달리 본 우리가 달라졌습니다.

의미를 선택할 수 있다는 게 참으로 좋습니다. 사물, 사건, 사람 또는 관계에 어떤 의미를 부여하는가에 따라 이 모두에 대한 가치와 삶의 목적의식이 달라지고 성공과 행복에 대한 인식과 평가마저 달라집니다. 나 혼자만의 의미보다는 여럿이 함께 공감하고 폭넓게 공유되는 의미일수록 더욱더 강하게 작동합니다.

교직에 대한 의미와 가치는 어떤가요? 한때 교사를 어버이와 동급으로 여겼습니다. 이제는 학생이 교사를 자기와 동급으로 보는 경우가 흔해졌습니다. 교사 스스로 학생 앞에서 겁먹고 작아지는 경우도 있습니다. 우리가 하는 일이 잡무라고 허무해하고 입시라는 거대한 괴물 앞에서 무기력해지기도 합니다.

과연 다른 직업과 마찬가지로 교직도 먹고살기 위해서 참고 견디어내야 하는 직업인가요. 교직이 봉급을 받는 직업이라는 점은 사실입니다. 이로 인해서 내 가족의 안녕을 확보할 수 있는 것도 사실입니다.

그러나 저는 단지 생업이라고 한정 짓는 말에 동의하지 않습니다. 이러한 주장은 이성적 판단이라기보다는 자기비하에 은근히 위안을 삼는 패배주의적 사고방식에서 비롯한 게 아닌가 싶습니다. 여러 가지 의미가 가능하다면 저는 이왕이면 숭고한 의미를 선택하겠습니다.

새해를 맞이해도 교육 현장은 여전히 힘들고 문제가 많고 갈등에 시달릴 것입니다. 그러나 새 학기에 새로운 의미를 부여할 것인가 안 할 것인가는 전적으로 각자의 선택입니다. 어떤 의미를 부여하는가에 따라 내가 달라지고 우리가 달라집니다. 수억 년 한결같은 해에게 '새 해'라는 의미를 부여할 수 있다면, 수년간 반복되어 온 교육자의 일에도 새 의미를 찾아볼 수 있습니다.

최근에 군대에서 신규 교관을 지도하는 책임 교관들이 제 연구소에 와서 닷새간 강의 컨설턴트로 거듭나는 훈련을 받았습니다. 이들 중에는 전투 트라우마 후유증에 시달리는 교관도 있었습니다. 모든 게 다 시큰둥하고 어두운 표정에 말투는 공격적으로 거칠고 밥도 홀로 먹었습니다. 전문성은 최고였지만 오랜 스트레스로 인해 정서적으로 고갈되고 메말라 있었습니다.

이분은 천안함, 세월호 등 여러 참혹한 현장에 투입된 특수 요원이었습니다. 저도 그 현장에서 뒷수습한 적이 있기에 정신적 충격이 얼마나 컸을까, 얼마나 마음이 찢기는 고통이었을까, 조금은 짐작됩니다. 저는 그분의 부적절한 자세와 부정적 태도를 충분히 이해할 수 있었습니다.

닷새간 저희 강사진과 동료 교관들이 그분의 이야기에 관심을 가지고 경청하고 공감해 드렸습니다. 그분의 장점을 찾으려고 애썼습니다. 비록 거친 언행이 두드러지게 보였지만 장점도 발견하고자 했습니다. 마지막 날 그분은 모두와 함께 식사했습니다. 그리고 미소를 되찾아 간다는 마지막 한마디를 남겼습니다.

많은 노력이 필요하지 않았습니다. 누군가 자신의 말을 경청하고, 지지해 준다는 느낌, 자신이 혼자가 아니라 누군가와 연결되어 있음이 느껴지면 더 이상 고독하지 않습니다. 지난날 상처가 아직 아물지 않아서 여전히 욱신거려도 앞으로 좋아지겠거니 희망이 느껴지기 시작합니다.

우리도 포기하지 말아요. 이탈하지 마세요. 우리 서로 지지해 주면서 계속 교육자로 살아갑시다. 어차피 우리가 이미 택한 스승의 길은 잘 살아가는 삶의 방식이니까요. 교직은 특별합니다. 다른 직업과 달리 숭고한 일입니다. 교직에 숭고한 의미를 선택하고 담아낼 용기를 가집시다.

2부

무엇을 버리고 어떻게 바꿀 것인가

3장

우리 아이들을
　　　망치는 교육

2부는 뛰어넘고, 곧바로 해결책을 제시하는 3부로 가셔도 됩니다. 1부 내내 세상이 어떻게 바뀌었고 어떤 미래를 준비해야 하는가 등 진지한 주제들로 마음이 무거웠는데 2부에서 더 구체적으로, 더 노골적으로 우리가 버려야 하는 교육에 대한 이야기가 나오기 때문입니다.

2부 이야기에 마음이 우울해질 수 있습니다. 특히 학생들이 받는 고통에 대한 이야기가 포함되어 있어서 어떤 독자는 괴로웠던 학창시절 기억이 떠올라 상당히 불편해질 수 있습니다. 피하고 싶은 제목들도 있습니다. MAD, SAD, BAD 교육도 부정적인데, 사(死)교육이란 단어는 입에 담기 거북하지요.

그러나 비록 제목은 심기를 건들지만 우리가 꼭 짚고 넘어가야 할 것들입니다. 저는 개인적으로 한국 교육이 힘든 이유는 우리가 여태껏 잘못해서가 아니라 정반대 이유라고 생각합니다.

우리가 너무 잘해왔기에 '성공의 덫'에 걸린 것입니다.

만약에 잘못해 왔다면 우리는 해오던 교육을 쉽게 내던지고 새로운 방식을 채택할 수 있을 것입니다. 하지만 세계에 유례없는 성공의 일등공신이 우수한 교육시스템이어서, 수십 년 사용된 확실한 성공 방식을 버리기는 쉽지 않습니다. 성공의 유통기한이 지났어도 다른 방식을 동원한들 성공할 보장이 없기 때문에 선뜻 나서는 게 두렵기도 합니다.

물론 많은 혁신을 시도하고 다양한 수업방식을 채택하여 진행하는 중입니다. 새로운 방식을 시도하는 선생님이 존경스럽고 혁신을 허락하는 학교가 자랑스럽습니다. 그러나 학급이 위로 올라갈수록 예전 방식으로 회귀합니다. 저학년에 기울인 노력이 고학년에 가면 물거품이 됩니다.

예를 들면, 초등학교 때 토론과 협업을 활성화하기 위해 책상이 모듬 형태로 배치되어 있습니다. 그런데 고등학교로 올라가면 일인용 책상이 다시 정면을 향하고 있습니다. 신나는 창의력과 즐거운 협업은 사라지고 지겨운 문제 풀이와 살벌한 경쟁이 난무합니다. 생기를 불어 넣어주던 꿈은 꺾이고 벗어날 수 없는 악몽이 시작됩니다.

변화를 위해서 새로운 방식과 시스템을 도입하자면 먼저 현 시스템을 깨고 버릴 것은 과감하게 버려야 합니다. 예전 습관으로 되돌아가지 않도록 해야 합니다.

『격몽요결』을 쓴 율곡 이이 선생님은 다음과 같은 순서를 일러주었습니다. 먼저 입지(立志)를 한 다음에는 혁구습(革舊習)이고, 그 다음에 지신(持身)이라고 했습니다. 비전을 갖추었으면 구습을 혁파하는 게 순서입니다. 모세가 받은 십계명에도 좋지 않은 행동을 하지 말라는 당부가 일곱 가지나 명시되어 있습니다.

다행스럽게 2부에는 하지 말아야 할 것이 겨우 두 가지입니다. MAD, SAD, BAD 교육과 사(死)교육입니다. 비록 우리가 빚어낸 잘못이 아니지만 우리는 그 시스템에 동참하고 있습니다.

현실을 평계 댈 게 아니라 잘못된 걸 알았다면 버릴 건 버려야 합니다. 아무리 맛있는 음식이어도 유통기한이 지났으면 아까워하지 말고 버려야 합니다. 우리를 보호하기 위해서지요. 음식만 상한 게 아니라 그걸 먹는 우리도 상하게 되니까요. 그렇듯이 아무리 성공을 보장했던 교육이어도 유통기한이 지났으면 과감하게 버려야 합니다. 교육받는 학생만 상하는 게 아니라 그걸 주는 교육자도 상하게 되니까요.

MAD, SAD, BAD 교육

가장 먼저 하지 말아야 할 것이 MAD, SAD, BAD 교육입니다. 우리가 좋은 것으로 알고 너무 열심히 하지만 중단해야 하는 교육입니다.

내용을 달달 외우고(Memorizing), 분석하고(Analyzing), 계산(Data processing)하는 게 'MAD 교육'입니다. 이를 최고로 잘하는 우등생마저 챗봇 발끝도 따라가지 못하는 시대가 왔는데도 여전히 대단한 실력으로 여기고 있습니다. 컴퓨터가 나왔는데 계속 주판 튕기는 실력이나 쌓는다면 아마 정신 나갔냐고 꾸짖을 텐데요. 물론 MAD가 필요 없다는 게 아니라 필요 이상으로, 마치 이것만이 중요한 것처럼, 모든 에너지를 쏟아붓고, 그 시간에 더 중요한 것을 하지 못하는 게 문제라는 뜻입니다.

부모의 꼭두각시(Slavish)가 되어 입시 위주(Admission oriented) 공부를 하며 꿈을 박탈당한(Dreamless) 게 'SAD 교육'입니다. 부모가 주입한 꿈은 악몽입니다. 자신의 인생을 제대로 살지 못하는 건 매우 슬픈 이야기지요. 아이가 어릴 땐 착실하게 부모의 말을 잘 따라주더라도 언젠가는 자기 인생이 아니었음을 알게 됩니다. 그때 원망의 강도는 원자폭탄 급일 것이고, 허무함은 죽고 싶을 정도일 수 있습니다.

과보호로 거지 근성(Beggar-minded)과 갑질 근성(Arrogance)을 키우고, 의존적(Dependent) 결과로 이어지는 게 'BAD 교육'입니다. 기여하는 인재가 아니라 기생하는 둔재를 양성하는 건 옳지 않잖아요.

BAD 교육은 부모가 모든 것을 다 해주어 아이가 거지 근성을 갖게 만드는 겁니다. "우리가 입혀주고, 태워주고, 먹여주고, 다 할 테니까 너는 앉아서 공부만 해"라는 말은 아이를 온실 속 화초로 키우는 교육이죠. 그 결과 아이는 손도 까딱 안 하고 받아먹으면서 특권 의식을 가지게 되고, 의존형으로 변합니다. 온실 안에서 아무리 화려한 꽃을 피워봤자 밖에 나가서는 빠르게 말라버리지 않습니까. 지금 필요한 교육은 온실화가 아니라 야생화를 키우는 교육입니다.

MAD, SAD, BAD 교육이 좋지 않다는 사실을 알면서도 지속되는 원인이 있습니다. 비정상이 오래 지속되면 어느덧 정상처럼 보이기 시작합니다.

앞을 봐도 MAD, 오른쪽을 봐도 SAD, 왼쪽을 봐도 BAD, 대다수가 이런 교육을 하고 있다면 그게 정상으로 둔갑됩니다. 좋은 게 아닌 것 같아도 확신이 서지 않고, 혹시나 싶어 주저하다가 결국 남들 하는 대로 따라할 수밖에 없는 이유를 찾아내고 합리화합니다. 남들과 다른 길을 갈 용기가 선뜻 생기지 않으니까요.

하지만 이 상황에서 필요한 게 용기는 아닙니다. 용기란 무릇 옳고 그른 일 중에 옳은 일을 선택할 때 필요한 것입니다. 불확실성에 맞설 때 옳다는 믿음을 가지고 위험을 감수할 의지를 보이는 능력입니다. 다수 앞에서 자신이 믿는 바를 이행하기 위해 용기가 필요합니다.

그러나 이 상황은 옳고 그름이 아니라 맞고 틀림에 대한 선택입니다. 정답이 있는 문제입니다. 무엇이 필요한가를 따져보고 시시비비를 가릴 수 있는 상황입니다.

MAD, SAD, BAD 교육은 틀렸습니다. 그래서 우리에게 필요한 것은 용기가 아니라 잘못을 수정할 결단력과 추진력입니다.

시꺼먼 연기가 차오르는 방안에서 서로 쳐다만 보고 있으면 안 됩니다. 이때 필요한 것은 먼저 튀어나갈 용기가 아니라 당연히 해야 할 대피를 당장 실행할 결단력과 추진력입니다.

만약에 서로 눈치싸움 하고 있다면, 분명 괜찮을 것이라는 믿음이나 버려야 할 것을 아까워하는 미련이 있을 것입니다. 그래서 우리는 무엇을 맹신하고 신봉하고 있는지 살펴보고, 무엇에 미련을 두고 있는지를 알아봐야 합니다.

 이제 인정해야 합니다. 우리는 교육에 정이 떨어진 지 오래됐습니다. 실은 그곳에 정이 애초에 없었습니다. 그 이유부터 살펴보겠습니다.

정떨어진 학교는 비정상

　새 학기가 시작되었습니다. 학교에 출근하려고 하니 설렘 반 우려 반으로 가슴이 두근거립니다. 설마 침울한 사건이 학내에 또 벌어지겠나 싶지만 왠지 자꾸 불안합니다. 더 나빠지지 않으면 다행이라고 스스로 마음을 다잡아보지만 위로는커녕 불길한 예감을 떨쳐내지는 못합니다.
　애써 마음을 가라앉히고 보니 담담해진 것인지 무덤덤한 것인지 잘 구분이 되지 않습니다. 그러나 구분해야 합니다. 둘 다 겉으로 보기에는 똑같이 마음이 동요하지 않는 상태지만 담담함은 현실의 괴로움을 초월한 것이고, 무덤덤은 현실을 외면하고 무시한 상태이기 때문입니다. 후자는 마음이 이미 무덤에 들어가서 생기가 없는 상태입니다.

왜 학교는 정을 붙이기 힘든 곳이 되었을까요? 아예 학교에 정나미가 떨어졌다고 하는 사람도 있습니다. 그러면 안 됩니다. 학교에 대한 애정이 사라진 사람이 교육자로 활동할 수 없기 때문입니다. 그러나 여기에는 구조적 문제가 있습니다. 우리가 학교에 정이 없는 것은 그냥 기분만이 아니라 실제로 학교가 무정한 곳이 되었기 때문입니다.

교사는 교육 목표가 인지적, 정의적, 심리행동적 영역이라고 배웠지만, 즉 '지정체'라고 배웠지만 막상 학교 현장에서는 '지덕체'를 내세웁니다. 예비교사 때 ABC(Affect, Behavior, Cognition)를 준비했더니 현장에 나가서는 BCD(신체행동적, 인지적, 도덕적)를 가르치게 됩니다. 교사가 준비한 내용과 학교 현장이 추구하는 내용이 불일치합니다. A(Affect)에 해당되는 정의적 영역이 송두리째 빠졌습니다. 실제로 학교에 '정(情)'이 떨어져 나간 것입니다.

말장난이 아니라 매우 심각한 이야기입니다. '정' 영역의 교육 목표가 사라진 곳에 인정이 베풀어지고 사정이 헤아려지기를 기대하기 어렵습니다. 활발한 소통과 좋은 관계가 있을 리 만무합니다. 공감력이 배양되지 않는 곳에는 자기중심적 사고와 갈등이 판을 치게 됩니다. 오늘날 우리 학교가 왜 이리도 삭막하고 야박한 곳이 되었나 살펴보면, 이런 이유가 있습니다.

학교가 다시금 정다운 곳이 되어야 합니다. 학교에 '정의적 교육 목표'가 복원되어야 하는 이유가 네 가지나 더 있습니다.

첫째, 지덕체는 일제 잔재로 1900년대 초에 우리나라에 강제 이

식된 교육관이어서 청산의 대상이기 때문입니다. 본래 우리의 지적 전통에는 지덕체에 '정'이 추가되어 있었고 가장 우선시했습니다. 우리는 정(情)의 핵심을 인(仁)으로 여겼고, 측은지심의 원천으로 보았습니다. 흔한 한자 뜻풀이에 '어질 인(仁)'은 두 사람을 표시한 것이라고 설명합니다. 정은 인간관계에 중심 개념이며 공감력이 있어야 연민을 지닐 수 있다는 정교한 사고관입니다.

그러나 학교에서는 지식, 이해, 분석과 계산 능력 즉, 인지 영역을 강조합니다. 당연히 인지가 작동하는 시비지심만 발달하여 사사건건 시비를 가리기 위해 법리를 내세우고 권리를 주장합니다. 그 결과 학교 현장이 상당히 피폐해졌습니다. 이제 우리는 지적 전통과 현대 교육학이 강조하는 정의적 영역을 회복해서 교육의 근간을 바로잡아야 합니다.

둘째, 감정은 행동의 원동력이기 때문입니다. 눈, 코, 입, 귀, 피부 등 오관을 통해서 들어오는 외부 자극은 신체에 오감을 불러일으키며 두 가지 신호분자인 신경전달물질과 호르몬을 동원해서 몸을 움직입니다. 큰 근육이 움직이는 행동, 작은 근육이 움직이는 표정 그리고 미세한 성대 근육이 움직이는 말과 억양을 조정합니다. 그래서 스트레스라는 부정적 자극을 받으면 분노, 슬픔, 우울 같은 부정적 감정이 생겨서 폭언, 폭행, 중독, 자해 같은 부정적 행동으로 이어지게 됩니다.

이와 반대로 배려와 나눔 같은 바람직한 행동은 편안함, 감사함, 사랑 같은 긍정적 감정 상태에서 나타납니다. 그래서 우리는 학생들이 스스로 감정을 다스리고 올바른 행동을 선택할 수 있는 능력을 갖추도록 도와야 합니다.

셋째, 감정은 소통 방식이기 때문입니다. 표정은 남에게 보여주기 위해 존재합니다. 표정, 억양, 몸짓은 다 움직임(motion)이며 표출된 감정(emotion)이지요. 미간을 찌푸리고 눈에 힘이 들어가면 "나 지금 화났으니 건들지 마"라는 메시지이고, 처진 입꼬리가 삐쭉거리고 눈에 초점이 사라지면 "나 지금 너무 슬프니 위로해달라"는 메시지입니다. 굳이 말하지 않아도 모두가 직감적으로 알아듣는 비구어적이며 매우 위력적인 의사전달 수단입니다. SNS에 이모티콘이 넘쳐나는 이유이기도 합니다.

학생들에게 문법과 글쓰기를 훈련시키듯이 감정으로 전달되는 비구어적 소통방식도 가르쳐야 합니다. 그렇게 해야 학생들이 온전히 소통하고 공감하여 서로 우호적인 관계를 맺을 수 있습니다.

넷째, 감정을 조절하고 바람직하게 행동하며 좋은 인간관계를 맺는 사람이 인생에서 성공합니다. 특히 하버드 대학교 졸업생을 90년간 추적하여 연봉, 사회적 지위, 결혼 상태, 몸 건강 상태, 생활 습관, 수명 등을 상세하게 비교 분석한 그랜트 연구가 있습니다. 그 연구의 책임자는 단 한 줄로 결론을 요약했습니다. "인생 성공에 유일하게 중요한 것은 인간관계다."

여기서 가장 놀라운 사실은 인간관계가 여러 요소 중에 가장 중요한 게 아니라 유일하게 중요하다는 결론입니다. IQ, 외모, 스펙 등 다른 요소들이 성공에 미치는 영향은 미미하다고 합니다. 학생들이 코앞 성공에 매달리지 말고 장기전을 치르기 위해서는 반드시 사회·정서적 역량을 갖추도록 해야 합니다.

정떨어진 곳에서 일하는 것은 성인에게도 힘든데 사회생활을 처음 배우는 학생 입장에서는 비극입니다. 만약에 학교에 온정이 없고, 애정 어린 보살핌이 없고, 다정한 대화가 없으면 학생의 마음에 열정은 식고 냉기만 가득할 수밖에 없기 때문입니다.

아이들이 인생 첫 16년을 정떨어진 곳에서 보내면 한국 전체가 바로 인정이 없는 매정한 곳이 됩니다. 학교가 사회를 반영하기도 하지만 사회가 학교의 산물이기도 한 순환구조이기 때문입니다.

아이들이 좋은 인간관계에 대한 기대와 희망이 없는 생활을 해왔다면 훗날 누가 부부지간이나 부자지간 같은 새로운 인간관계를 맺으려고 할까요. 저출산율은 돈으로 해결될 일이 아니지요. 나라가 사라지지 않으려면 '전(錢)'이 아니라 '정(情)'이 해답임을 알아야 합니다.

학교에 정서적 영역을 어떻게 회복할까요? 너무 골몰하지 마세요. 그러면 고민만 늘어날 것입니다. 그냥 실천하세요. 조그마한 일이어도 당장 할 수 있는 것만 해도 됩니다.

학생들에게 생각하는 방법을 가르치는 만큼 감정을 처리하는 방법도 가르쳐주세요. 감정을 허락하고 느끼고 관리하고 표현할 수 있도록 도우세요. 말을 생각나는 대로 내뱉지 않고 심사숙고하도록 가르치듯이, 감정도 느낀 대로 표출하지 않고 상황에 맞게 표현하도록 가르치세요. 감정을 부정에서 긍정으로 옮기는 방법을 가르쳐주세요. 우리가 원하는 모든 바람직한 행동은 긍정적 감정 상태에서 비롯하니까요.

'뭐 이 정도 갖고 무슨 효과가 있겠나' 싶겠지요. 효과가 금방 나타나지 않는다고 실망하고 낙담하지 마세요. 정이 떨어져 나가는 데 수십 년이 걸렸으니 다시 정을 붙이는 데도 시간이 좀 필요합니다.

그러나 꾸준히 노력할 가치가 있습니다. 반드시 변화할 테니까요. 학교가 정이 넘치는 곳이 되고 정다운 곳이 되어야 아이들이 행복해지듯이, 출퇴근할 때 우리의 발길도 가볍고 심지어 경쾌해질 수 있습니다. 그러면 정서적인 관계를 회복한 사제지간에 인정이 오가는 게 느껴질 터입니다.

'입시'라는 집단최면

입시정책이 달라지지 않고는 대한민국의 미래가 없다는 사실을 우리 모두 잘 알고 있습니다. 입시 위주 교육은 인정머리 없는 졸업생을 배출한다고 걱정합니다. 하지만 그런 졸업생들이 계층상승 하는 모습에 심사가 틀어져서 너도나도 입시 위주 교육 경쟁을 강행합니다.

입시는 객관성과 공정성이 생명입니다. 그런데 지금 입시가 과연 공정할까요?

정답 있는 문제풀이 시험 점수로 대학 입시를 결정짓는 방식이 가장 공평하다는 믿음부터 버려야 합니다.

다 같이 못살던 옛날에는 그럴 수 있었겠지만 지금은 부모의 재력이 입시에 상당한 변수로 작동하고 있습니다. 운동장이 기울어진 정도가 눈에 잘 띄지 않는다고 평평한 것은 아니지요.

우리는 입시에 대한 감정도 있습니다. 수능시험의 폐해는 우리 모두 잘 알고 있지만 이에 대한 어른들의 감정적 기억 때문에 여전히 아이들을 수능시험에 붙들어놓고 있는 것 같습니다. 이것을 초감정(meta-emotion)이 작동한다고 말합니다. 초감정은 무의식 상태에 기억된 감정적 경험과 가치관이 복합적으로 얽혀서 나타나는 '감정에 대한 감정'이며 생각보다 훨씬 더 막강하게 우리를 지배합니다.

만약에 사람들이 같은 경험과 사고관을 지녔다면 결국 유사한 초감정을 공유하게 되고, 같은 선입견과 편견을 지니게 되고, 엇비슷한 행동을 하게 됩니다. 서로 같은 행동을 보면서 본인의 반응이 정상이고 선입견이 객관적 사실이라고 확신하게 됩니다. 그러니 사회적 공감대가 형성되었다고 다 실체가 있는 건 아니지요.

강한 초감정은 이성적 생각과 판단이 개입될 여지를 주지 않습니다. 그래서 팩트가 아닌 환상이 집단적으로 유지되는 경우도 있습니다. 즉, '집단 초감정'이 작동될 때에는 마치 집단최면에 걸린 듯한 결과가 나타날 수 있다는 의미입니다.

한국의 학부모는 교육에 관하여 거의 동일한 초감정을 지닌 듯합니다. '수능'이라는 단어에 대다수가 매우 민감하게 반응합니다. 일단 귀가 쫑긋해지고 가슴이 뜁니다. '대기업 취업'이란 단어에도 신경이 예민해지고 촉각을 세웁니다. 그럴 수밖에 없지요. 학부모들은 자녀들이 수능 점수를 위해서 초중고 12년 내내 죽어라고 공부했고, 점수에 따라 직장이 달라졌고, 인생의 진로가 달라지는 것을 봐왔기 때문입니다. 그래서 학부모는 창의력과 인성교육이 중요하다는 사실을 인정하면서도 뒷전으로 하고, 수능에 매달릴 수밖에 없는 게 대한민국의 현실이라고 하소연합니다.

그러나 과연 수능의 중요성이 현실일까요? 아니면 학부모의 집단 초감정에 의해 유지되고 있는 과거의 환상일까요? 팩트를 보지요. 한국대학교육협의회는 전국 195개 대학이 제출한 '2026학년도 대학입학전형 시행계획'에서, 전체 모집인원 중 정시 모집은 20.1퍼센트를 선발한다고 발표했습니다. 특히 상위권 학생일수록 수능점수와 관계없이 대학을 가고, 반대로 수능 만점자가 정시모집에 탈락되는 경우가 이미 발생하고 있습니다. 즉 수능의 의미가 매우 **빠른 속도로 퇴색되고 축소되어 가는** 게 대한민국의 새로운 현실입니다.

대기업 취업도 마찬가지입니다. 부모님 세대에는 대기업 취업이 인생 성공과 행복을 보장해 주었습니다. 그래서 한 번 취업하면 일이 아무리 힘들고 어려워도 죽기 살기로 견뎌내야 했습니다. 하지만 2019년 자료에 따르면 대졸 신입사원 10명 중 5명이 입사 1년 이내에 퇴사하며, 대기업에 입사한 경우에도 18.8퍼센트나 스스로 걸어 나옵니다. 2022년 통계청 조사에 따르면 대졸 신입사원이 첫 직장을 다니는 기간은 1년 7개월에 불과했습니다. 고대하던 대기업에 들어갔지만 '일에 성취감을 느끼지 못한다'는 이유로 사직서를 낸 청년들도 많습니다. 관심 없는 일에 매달리는 건 죽기보다

싫은 게지요. 배고픈 시대를 살아왔던 부모님이 알 수 없는 '마음 고픈' 시대를 맞이한 젊은이들의 새로운 현실입니다.

『드림 소사이어티』의 저자 롤프 옌센(Rolf Jensen)에 따르면 구시대와 새 시대를 구분하는 시점은 국민소득 1만 5천 달러라고 합니다. 1만 5천 달러 이하일 경우, 돈을 더 많이 벌면 벌수록 의식주에 대한 걱정이 확실하게 해결되기 때문에 행복감이 상승합니다. 하지만 1만 5천 달러 이상을 벌 경우, 이미 의식주는 해결되었기 때문에 돈을 더 벌어도 행복감은 증가하지 않는다는 것입니다. 돈으로 배를 채울 수는 있지만 마음을 채울 수는 없기 때문이지요.

한국은 국민소득 1만 5천 달러를 2002년 한일월드컵 직후에 달성했습니다. 그래서 어른들은 성장기를 1만 5천 달러 이하에서 보냈기 때문에 구시대적 사고방식에 젖어있습니다. 하지만 학생들은 이미 태어날 때부터 1만 5천 달러 이상에서 살아왔습니다. 서로 성공과 행복의 기준이 다를 수밖에 없습니다.

죽은 듯이 앉아서 공부하고, 아무 소리 하지 말고 시키는 일을 잘하는 아이가 성공한다는 대한민국의 '현실'은 부모님 세대의 환상일 뿐입니다. 어른들이 이러한 집단 초감정에서 벗어나지 않는다면, 모두가 불행해집니다. 우리가 아이들의 현실에 맞추어야 제대로 된 해법을 찾을 수 있습니다.

감정을 누르고 머리 쓰는 법

저는 평생 문제를 해결하면서 살아왔습니다. 학부 4년간 공학도로 살면서 세상 모든 사물을 객관적으로 관찰하고, 과학적 법칙에 의해서 평가하고, 논리적 사고력으로 판단하여 결론에 도달하는 훈련을 받았습니다.

저는 대학원생 시절, 5년간 수소와 일산화탄소를 고압에서 연소하는 실험을 했습니다. 한 치의 실수도 용납되지 않는 위험한 실험이었습니다. 두려움과 초조함에 흔들리면 안 되는 터라 감정이 삐지고 들어올 틈을 내주지 않았습니다. 그 결과, 지도교수님의 신뢰를 듬뿍 얻었습니다.

그 다음 20년간 공대교수로 학생들을 가르쳤습니다. 문제를 깔끔하게 정리하고 불변의 법칙과 질서정연한 논리에 의거해 명료한 결론에 도달하는 비판적 사고방식을 가르쳤습니다. 가르치는 일은 즐거웠지만 학기 말에 학생을 평가하는 게 힘들었습니다. 때로는 학생이 점수를 조금 올려달라고 애걸복걸하고 어려운 처지를 열거하면서 감정에 호소했습니다. 하지만 저는 마음을 굳게 닫았습니다. 그래서 모든 학생에게 공평하고 공정하다는 평판을 얻었습니다.

그런 평판 때문인지 대학의 유일한 종신직인 학내 재판장에 선출되었습니다. 학내 재판장의 자격은 단 세 가지였습니다. 대학 구성원으로부터 존경받고, 상식이 있고, 정의에 대한 감각이 있는 자. 즉, 인격에 큰 하자가 없고, 합리적으로 생각하고, 호혜성 또는 상호성의 원칙을 적용할 줄 안다는 뜻입니다. 재판을 잘 하기 위해서 이성과 논리를 총동원해야 했습니다.

그러나 사회생활에서 논리는 비논리 앞에서 맥을 못 췄고, 이성은 믿음 앞에서 여지없이 허물어졌습니다. 과학적 사고력과 암기된 지혜로는 인생의 굴곡에 맞추어나갈 수 없었습니다.

그러다 어느 날 터득하게 되었습니다. 마음 쓰는 법을 배워야 한다는 것을요. 이성적인 당위적 삶에서 벗어나고 논리적 추론과 예측을 내려놓고 지금 이 순간에 충실하고 감사할 때 평화가 찾아온다는 것. 머리와 가슴이 소통하고 일치해서 이성과 감성이 조화를 이루어 융합의 시너지 효과를 내야 한다는 것. 그래야 희망찬 새로운 내일을 창조하면서 행복할 수 있다는 것을요.

수많은 연구는 말해 줍니다. 행복은 이성이 감성을 이기는 데서 나오는 게 아니라 이성과 감성이 서로 소통하고 연결되어 조화를 이루는 결과라고 합니다. 감정을 누르고, 심장이 뛰는 소리를 듣지 못하고, 가슴의 세계를 만나지 못하고는 사랑도 없고, 사람도 없고, 삶도 없다는 것을요. 그런 인생은 결국 실패이며 불행하다는 것을요.

저는 행복하게 살고자 합니다. 마음을 열고, 심장에 귀를 기울이고, 감정에 충실하고자 합니다. 그래서 사람을 만나고, 사랑을 하고, 제대로 살고자 합니다. 우리가 학생들에게 머리 쓰는 법을 가르쳐왔듯이 이제 우리는 학생들에게 마음 쓰는 법도 가르치면 좋겠습니다. 이성과 감성을 연결해서 조화롭게 배우며 행복해질 수 있도록 말입니다.

학생들에게 오늘 처음 만났더라도, 앞으로 두 번 다시 안 보더라도 호감, 존중, 감사, 배려를 베풀 수 있는 마음의 능력을 갖추어주면 좋겠습니다. 우리 모두 행복한 사람이 되어 행복한 사회를 창조하는 진정한 인재가 되었으면 합니다.

위로 올라가기 위한 교육

 지금 우리 교육의 문제는 학교를 떠나는 청소년들이 늘어나는 데서 적나라하게 드러나고 있습니다. 아이들에게 학교가 보금자리가 되지 못하는 이 현실을 어떻게 해결해야 할까요. 한 50년 전으로 거슬러 올라가볼까요?
 1970년대에는 산업화와 함께 농촌 사람들이 도시로 일거리를 찾아 이주하기 시작했습니다. 처음에는 한두 명이다가 나중에는 봇물이 터지듯 너도나도 떠났습니다. 농촌에는 떠날 형편이 못 되는 노인들만 남게 되었습니다. 도시에 판자촌이 늘어나고 농촌에 일손이 달렸지만 집단 이주를 막을 수 없었습니다. 농촌에 희망이 보이지 않았기 때문입니다. 이것을 일컬어 '탈농촌' 현상이라고 합니다.
 근래에는 또 하나의 이주가 발생했습니다. 북한 주민이 북한을 떠나 한국으로 들어오고 있습니다. 아무리 북한군이 삼엄한 경계망을 세워 통제한들, 외부 소식통을 끊고 북한이 지상낙원이라고 선전한들 그들은 목숨 걸고 탈출을 시도합니다. 북한에서 희망을 보지 못했나 봅니다. 그들을 일컬어 '탈북 난민'이라고 합니다.

이처럼 희망이 없는 터전을 떠나는 사람들처럼 우리 학생들이 학교를 떠나고 있습니다. 2023년 교육부의 최근 자료에 따르면, 초중고등학교를 그만두는 학생의 수는 2020년 3만 2027명에서 2021년 4만 2755명, 2022년 5만 2981명으로 증가해 현재 학교 밖 청소년 수가 17만 명에 이른다고 합니다.

학교를 떠나면 큰일 난다고 아무리 설득하고 제재해도 그들은 학교를 떠나버립니다. 이 문제를 해결하려면 어떻게 해야 할까요. 가장 먼저 '학업중단 청소년'이란 명칭부터 바꿔야 합니다. 현상에 붙이는 이름에 우리의 사고방식이 고스란히 묻어나고 해결책의 기본 방향이 세워지기 때문입니다. 그렇다면 그들을 '학업중단 청소년'이 아니라 '탈학교 난민'이라고 불러야 하지 않을까요.

'학업중단 청소년'이라고 하면 마땅히 해야 하는 학업을 중단한 학생을 탓하는 발상입니다. '탈학교 난민'이라고 하면 마땅히 희망을 베풀어야 하는 교육을 제공해 주지 못하는 학교와 교육행정에 책임이 있다는 발상입니다. 우리 교육자를 참으로 아프게 하는 말이지만, 아이에게 책임을 추궁하지 않고 어른이 책임지겠다는 성숙한 자세를 보일 때 해결책이 등장하지요.

탈농촌 이주자나 탈북자를 꾸짖지 않듯이 탈학교 난민을 책망

해서는 안 됩니다. 학생 10명 중 4명이나 학교를 떠나고 싶어 한다는 교육부 통계는 학교 탈출 현상이 겨우 시작에 불과하다는 경고입니다. 아직은 '잠재 탈학교 난민' 대다수가 학교에 '수용'되어 있다는 뜻입니다. 이들마저 실제로 사회로 쏟아져 나오기 전에 빨리 나서야 합니다.

해결책은 보입니다. 탈농촌 현상으로 황폐해졌던 농촌에 '귀농'이라는 매우 신선한 바람이 불기 시작했습니다. 농촌이 더 이상 도시를 흉내 내지 않고 농촌의 고유 기능과 최대 강점을 살려서 새로운 가능성과 희망을 보여주려는 노력을 하기 때문입니다. 힐링, 슬로 시티, 로하스 등 강남 스타일에 견줄 수 있는 행복한 '농촌 스타일'을 적극 개발하고 있습니다. 도시 사람이 변하는 게 아니라 농촌이 변한 게지요. 탈농촌에서 귀농 현상으로 변하기까지 무려 40년이나 걸렸습니다.

탈북 현상은 통일만이 해결할 수 있을 것 같습니다. 제 세대는 몰라도 분명 우리 학생들 세대에는 통일한국이겠지요. 그땐 북한이 기회의 땅이 되어 북으로 가는 창업자들이 많을 것입니다. 그리 되자면 탈북자가 변해야 되는 게 아니라 북한이 희망을 선사하는 곳으로 변해야 가능할 것입니다. 우리 민족을 살릴 통일까지 40년이 걸리지 않았으면 좋겠습니다.

교육 현장 역시 학생이 아니라 학교가 변해야 합니다. 학교가 희망을 주는 곳이 되어야 합니다. 교과목 몇 개 바꾸거나 방과 후 활동을 남달리 하는 정도에 그쳐서는 턱도 없을 것입니다.

교육의 목적부터 검토해야 합니다. '위로 올라가기 위한' 교육에서 '앞으로 나가기 위한' 교육으로 바꿔야 합니다.

인류는 오래전에 위로 갈 것인가 앞으로 나갈 것인가. 이 두 가지를 놓고 선택한 적이 있습니다. 원시시대에 그저 더 높은 나무 위로 올라간 유인원은 원숭이로 남게 되었고, 모험을 두려워하지 않고 땅에 내려와 드넓은 초원을 향해 앞으로 나아갔던 유인원이 우리의 조상이 되었습니다.

상당히 비약적인 비유이지만 이런 현상이 오늘날에도 벌어지고 있다고 봅니다. 그저 남보다 더 높은 곳으로 가려는 학생들은 사람 흉내 잘 내는 원숭이와 다를 바 없는 '패스트 팔로워'로 도태되지 않을까요. 반면 새로운 기회를 찾아 먼저 앞으로 움직이는 학생들이 우리 사회가 절실히 요구하는 '퍼스트 무버'라고 불리는 미래창조자가 아닐까요.

탈학교 난민이 더 이상 나오지 않도록 교육은 희망을 선물하고 학교는 학생에게 생기를 불어 넣어주는 곳이 되길 바랍니다.

4장

우리 아이들을
　　　　살리는 교육

우리는 사교육을 필요악으로 치부하는 것 같습니다. 사교육을 하지 않으면 경쟁에 밀릴 테니 어쩔 수 없이 해야 한다고 말입니다. 사교육 때문에 학부모의 허리가 휘고 아이들은 공교육에 사교육까지 받느라 너무 힘들다고 아우성입니다. 전국 학생 80퍼센트가 사용하는 사교육비가 27조 원이 넘고, 학생 한 명당 월 43만 원이 넘는다고 합니다. 정말 대단한 교육열입니다.

흔히 이런 교육열이 문제라고 말하지만, 저는 생각이 조금 다릅니다. 비록 과열로 인한 부작용은 있지만 저는 한국의 교육열을 높게 평가합니다. 외국에서는 오히려 한국의 교육열을 부러워합니다. 제가 문제 삼고 싶은 것은 사(私)교육이든 공교육이든 아이의 마음을 병들게 하고 학생의 생기를 앗아가는 사(死)교육입니다.

MAD, SAD, BAD 교육만이 아니라 어떠한 교육이라도 아이들의 마음을 빈곤하게 만들고 정신을 피폐하게 만든다면 저는 사(死)교육이라고 말합니다.

우리 교육은 두 가지를 잘못하고 있습니다. 첫째는 반쪽짜리 교육을 하고 있다는 사실입니다. 아이에게는 잠재력이 있는 동시에 취약성도 있습니다. 우리는 취약성은 외면하고 잠재력을 키우는 데 올인

하고 있습니다. 하지만 잠재력과 취약성은 동전의 양면 같아서 한쪽이 커지면 양쪽 다 커집니다. 예를 들어, 큰 잠재력을 지닌 영재아가 일반 학생보다 불안증과 우울증 같은 취약성에 더 많이 노출되어 있습니다. 한국 학생은 세계 학업성취도평가(PISA)에서 최고 수준이지만 자살률도 세계 최고입니다. 즉, 한국 학생의 잠재력은 세계 최고인 동시에 취약성도 세계 최고라는 의미입니다.

사회적 경제적으로 성공했는데 불행하다면 성공한 게 아닙니다. 잠재력은 최대로 발휘했는데 취약성 때문에 무너져서 그 잠재성이 다 무효가 되면 무슨 소용이 있나요. 이제 우리는 잠재력 강화를 위한 교육보다 취약성 완화를 위한 교육에 신경을 더 써서 균형을 이루어내야 합니다.

둘째는 그마저도 엉뚱한 잠재력에 집중하고 있다는 점입니다. 학교는 학생들에게 인지 영역의 능력을 최대로 계발해 주려고 합니다. 그러나 이제는 아무리 많이 알고, 잘 분석하고, 계산을 잘해도 인공지능을 탑재한 로봇을 따라갈 수 없는 세상입니다. 이제 아이들에게 키워줘야 할 잠재력은 마음지능입니다.

우리는 마음을 건강하게 만드는 교육에 집중해야 합니다. 정서적으로 안정되어서 편안하고, 함께 공부하며 협업하는 능력을 키워야 합니다. 나 혼자만 잘살고자 하는 교육은 진정으로 무서운 사(死)교육입니다. 여기에는 미래가 없습니다.

AI 시대에 더욱 중요해진 마음건강

1982년에 미래학자 존 나이스비트가 『메가트렌드』에 처음으로 제시한 하이터치 하이테크(high touch high tech) 개념은 첨단 기술의 발전과 함께 인간의 감성과 따뜻함의 중요성을 강조했습니다. 첨단 기술 발전의 성패는 그로 인해 인간관계가 얼마나 좋아지는가에 달렸다고 합니다.

그 후로 40여 년이 지난 오늘날, 대한민국은 세계를 선도하는 하이테크 사회를 이루어냈습니다. 미래 기술 동향을 파악할 수 있는 세계 최대 규모의 가전제품 박람회인 CES 2024에 참여한 4,000여 세계적인 첨단기술 기업 중 한국 기업이 무려 20퍼센트를 차지한 것만 봐도 알 수 있습니다.

한국은 기술면에서 하이테크 사회를 이루었지만, 안타깝게도 가정은 하이터치가 아니라 노터치(no touch) 사회가 되었습니다. 대가족이 핵가족이 되더니 이제는 혼족 사회가 되어서 집에 혼자 사는 1인가구가 이미 셋 중 한 명을 넘었고 매해 증가하고 있습니다. 사회 전면에 인간관계가 단절되고 가족이 점점 흩어지고 있습니다.

요즘 가정은 탈가족 상태입니다. 아침에 부모는 일터로, 아이들은 학교와 학원으로, 영유아마저 어린이집으로 뿔뿔이 흩어집니다. 저녁때 다시 모이지만 온종일 받은 스트레스 때문에 함께 대화를 나눌 힘도 없어 각자 방으로 들어가서 TV나 컴퓨터 앞에서 멍하니 시간을 보내다 잠자리에 들기 급급합니다.

가정이란 진화인류학적으로 볼 때 어른이 아니라 아이의 생존과 성장을 위해 존재하는 시스템입니다. 그래서 탈가족 상태에서 가장 큰 피해를 보는 사람은 아이들입니다.

물론 우리는 틈틈이 다양한 공간에서 수많은 사람과 연결됩니다. 카톡방, 단톡방 같은 SNS상에 크고 작은 가상가족을 이루고 연결하기도 합니다. 하지만 가상공간에는 차가운 키보드에 손가락 터치만 있지 따뜻한 인간 터치는 없습니다.

그 사이 우리 마음은 딱딱하게 굳어갑니다. 마음 씀씀이란 말이 있듯이 마음은 쓰라고 있는 것입니다. 마음은 서로 주고받으며 관계와 연결을 섬세하고 따뜻하게 조율하는 것입니다.

그런데 냉랭하고 굳어진 마음은 관계조율을 어렵게 만들고 갈등을 증폭시킵니다. 부부 갈등도 심하고, 부모와 자녀 사이가 불편하고, 선생님과 학생 사이가 불안하고, 학부모와 교사 사이에 불신이 지배합니다.

아이가 생존하고 성장하는 데는 따뜻하고 섬세한 관심과 손길이 절대적으로 필요합니다. 다행스럽게 어른의 따뜻한 하이터치로 아이의 마음건강을 지키고자 하는 교육 혁신 방안이 국가적 차원에서 추진될 계획이라고 하니 희망적입니다.

학교 현장에 아무리 많은 예산이 책정되고 다양한 혁신 프로그램을 가동하더라도 동일 내용이 예비교사를 준비하는 교대와 사대의 교과과정에 반영되지 않으면 무효라고 생각합니다. 지속가능하지 않을 게 뻔하기 때문입니다.

현재 한국에 학교폭력, 청소년 자살률, 게임 중독, 스마트폰 중독이 심각한 상태지만 마음건강은 학교 정규 교과과정 내에서 다루지 않고 방과 후 프로그램, 위(Wee)센터, 정신과 등 외부 기관에 맡깁니다.

> 학생의 문제를 외부 기관에 맡기면 편리할 수는 있어도 학교가 점점 무의미한 곳이 되는 악순환에 들어가게 됩니다. 학생의 문제는 학교 안에서 해결되어야 하고, 학교는 법이 아니라 교육으로 문제를 해결하는 곳이어야 합니다.

마음건강을 위한 방법과 기술은 학교 정규 교과과정에 포함되어야 합니다. 그러려면 지금부터라도 예비교사는 이에 걸맞은 새로운 교과과정으로 배우고 준비되어야 합니다.

'하이터치' 기술은 하이테크와 더불어 과학에 기반을 두어야 예비교사나 학생에게 공감을 얻고 환영받을 것입니다. 이제 교사는 생각과 감정 사이를 조율하고 행동과 욕구 사이를 조율하는 마음의 기술을 가르칠 수 있어야 합니다. 예비교사를 준비하는 교과과정에 회복탄력성 같은 자기조율, 감정코칭과 같은 관계조율, 연결실천 같은 갈등조율 등 하이터치와 관련된 이론과 실용 기술이 포함되면 좋겠습니다.

이에 대한 구체적인 방법과 기술은 마지막 3부에서 자세히 소개하겠습니다.

숨겨진 트라우마에 주목하기

저는 3월이 좋습니다. 추위에 한참 웅크렸던 몸을 슬며시 녹여주는 봄볕의 따스함이 좋고, 새 학생들과 첫 대면을 상상해 보는 설렘도 좋습니다. 어떤 아이들을 만나게 될까. 그 아이들과 어떻게 지내게 될까. 개구쟁이라면, 말썽꾸러기라면 어떻게 해야 할까. 호기심과 기대감에 속이 다 간질간질할 지경입니다.

그러나 3월이 두렵기도 합니다. 쏟아져 나오는 잡무가 두렵고 분노조절 못 하고 마음이 삐뚤어진 아이를 만날까봐 두렵습니다. 특히 최근에는 한 순간의 분노를 조절하지 못해서 남의 인생을 망가트리고 자신의 인생도 망가지는 사례가 빈번하게 보도되고 있습니다. 나 역시 욱하게 되지 않을까, 걱정과 불안감에 잠이 잘 오지 않습니다.

특히 아이들의 사건사고 소식은 듣기만 해도 온종일 기분이 처지고 일이 손에 잡히지 않는 무기력감을 느끼게 됩니다. 피해자의 상황이 떠오르면서 얼마나 아팠을까, 얼마나 두려웠을까. 그 공포감과 처절함, 수치심이 느껴집니다.

더불어 그 처참한 경험으로 인해서 그 아이가 세상에 아무도 도와주는 사람이 없다는 외로움에 아파지는 않을까, 혹시 그런 매정한 세상에 대한 증오심과 보복심을 지니게 될까봐, 이러한 정신적 충격으로 트라우마가 생기지 않을까 걱정됩니다.

최근에 심리학자들은 트라우마를 좀더 세분화합니다. 우리 주변에 흔히 보도되는 사고, 폭행, 성추행 등 사건이 생겼을 때 피해자나 목격자가 받는 정신적 충격을 '사건 트라우마'라고 합니다. 그러나 '발달적 트라우마'도 있습니다. 상대적으로 덜 알려져 있기 때문에 일반인들은 의식조차 하지 못하고 지나칩니다. 그래서 '숨겨진(히든) 트라우마'라고도 불리며 사건 트라우마보다 더 심각한 후유증을 남길 수 있습니다.

사건 트라우마는 없어야 할 일이 생기는 경우입니다. 사고, 폭행, 성추행 등 당연히 없어야 될 일이 있을 때 우리는 정신적 충격을 받습니다.

이와 반대로 당연히 있어야 하는 게 없는 경우가 숨겨진 트라우마입니다. 아이들의 생존과 성장에 필요한 보금자리, 보살핌, 양육, 지지, 지도가 없을 때 숨겨진 트라우마가 생길 수 있습니다.

발달적 트라우마의 가장 대표적인 예는 어린아이가 당연히 받아야 하는 돌봄을 어른들로부터 받지 못할 때, 방치되고 유기될 때, 양육자와 안정적 인간관계를 맺지 못하고 여기저기 떠맡겨질 때 입는 애착손상입니다.

부정적 아동기 경험(ACE, Adverse Childhood Experience)이라는 대규모 종단 연구가 발달적 트라우마의 위험성을 확실하게 보여줍니다. 미국 연방 정부기관인 질병통제예방센터의 연구 결과에 따르면 아이의 마음건강이 일생에 지대한 영향을 미친다고 합니다.

아이가 부정적 경험을 많이 하면 할수록 뇌발달에 악영향을 미치고, 따라서 사회·정서·인지 조율을 못하고 결국 남에게 해로운 행동(욕설, 폭언, 폭행 등) 또는 자신에게 해로운 행동(술, 게임, 마약 등)을 하게 됩니다. 문제행동은 습관이 되어 성인이 되어서도 지속되고, 개인과 사회와 국가에 막대한 경제적 손실을 끼친다고 합니다.

부정적 아동기 경험이란 안전한 보금자리, 충분한 보살핌과 양육, 적절한 지지와 지도가 결핍된 발달적 트라우마 상황입니다.

뇌과학자들은 양육자와 애착을 제대로 형성하지 못한 아이들은 학대받은 아이보다 더 심각한 복합 증상을 보인다고 말합니다. 그 이유는 다음과 같습니다.

영유아기에 애착관계를 통해 형성되는 거울 뉴런, 섬엽, 안와전두피질 등 두뇌 부위가 미발달하게 됩니다. 이 부위는 공감, 감정적 자기조절과 사회적 감정 인식을 담당합니다. 이러한 두뇌 부위가 미발달한 결과 공감력 결핍, 범불안증, 우울, 공황, 도벽, 상습적 거짓말, 불신, 무기력감, 학습장애, 자해와 타해 등의 증상이 나타납니다.

이런 학생이 대체로 학교에서 따돌림 받고 학교폭력에 피해자나 가해자가 될 확률도 높아집니다. 훗날 군대에서 관심병사가 되고, 남녀관계에 서툴러서 연애할 때 답답함을 느끼고, 결혼 후에는 부부관계가 어렵고, 자녀와의 관계가 틀어질 수 있습니다.

이들은 인간의 기본 욕구인 안전함과 안정됨의 결핍을 과도한 섭식과 음주, 흡연으로 달랩니다. 성숙한 어른으로부터 받아야 하는 소속감과 사랑에 대한 허기를 미성숙한 성 집착(야동, 조숙한 연애)으로 채우려고 하기도 합니다.

천덕꾸러기와 싸움쟁이들 중에는 애착손상을 입고 숨겨진 트라우마에 시달리는 아이들이 있습니다. 그저 행동만 보고 야단쳐서 자제시키고 벌줘서 해결될 문제가 아닙니다. 이들은 컴컴하고 싸늘한 인간관계에 마음이 잔뜩 얼어붙어 있기 때문에 누군가의 따스한 돌봄이 필요합니다.

트라우마의 어둡고 추운 그늘에서 떨고 있는 아이들의 마음을 조금이나마 녹여줄 수 있는 따뜻한 방법이 있습니다. 우리가 먼저 마음의 문을 열고 숨어있는 그들의 감정을 만나는 겁니다.

3월의 서늘한 기운을 따스하게 해주는 봄볕처럼 우리가 그들을 위한 봄볕이 되는 것입니다. 우리가 봄볕이 될 때 다시금 3월을 두려워하지 않고 설레는 가슴으로 맞이할 수 있겠지요.

인스턴트 해결책에 의존하지 않기

　　　　　　　　슬프게도 이제 우리는 술과 담배, 게임, 인터넷, 스마트폰, 야동 등에 중독된 아이들을 쉽게 만납니다. 중독은 나약하고 의존적 성격 때문일까요? 유전자 또는 잘못 들인 습관 탓일까요? 강제로라도 끊게 할 수 있을까요? 참으로 해결하기 어려운 문제입니다.

　중독은 개인의 취약성 또는 도덕성 문제가 아닙니다. 아이들은 관계 단절감에서 오는 외로움과 고독감, 박탈된 꿈에서 오는 공허감과 상실감, 공부와 경쟁 스트레스를 포함한 각종 트라우마에 괴로워하다 인스턴트 해결책을 찾습니다. 스트레스를 스스로 극복하는 방법을 배운 적이 없어서 손쉽게 구할 수 있는 외적 요소에 일시적으로나마 의존하는 것입니다.

어른들이 의도치 않게 한몫 거든 면도 있습니다. 아기가 보채면 입에 고무젖꼭지를 물립니다. 재갈이 아니어서 다행이지만 가짜에 위안을 얻게 합니다. 아이가 지루해하면 손에 스마트폰을 쥐어주어 쾌감 소비자로 만듭니다. 성적을 단기간에 올리기 위해 아이를 족집게 학원에 맡깁니다. 아이가 아파하면 진통제로 고통을 즉각 덜어줍니다. 과잉행동 하는 학생에게 너무 쉽게 ADHD약이 처방됩니다. 이처럼 우리가 아이를 인스턴트 해결책에 길들이고 있지는 않은가 싶습니다.

중독 문제는 아이가 양육되고 교육되는 환경과 과정을 바꾸지 않고는 해결할 수 없는 사회 시스템적 문제입니다.

게임 등 행동중독도 약물 등의 물질중독처럼 뇌 보상 중추에서 도파민이 활성화되며 충동성과 인지적 오류가 개입됩니다. 통제불능의 욕구도 똑같이 나타나기 때문에 물질중독만큼 심각한 문제입니다. "마약이 아니니 다행"이라는 식으로 가볍게 여기지 말아야 합니다.

중독매개는 중독자의 의식과 의지를 지배하며 결코 자연스럽게 소멸되지 않습니다. 중독을 끊도록 야단도 치고, 격려해 주거나 보상을 약속해도 별 효과가 없을 것입니다. 참으로 무서운 문제입니다. 중독에 빠진 아이들을 어떻게 도와주어야 할까요?

산에서 길을 잘못 들어 헤매고 있다면 가장 먼저 해야 할 일은 걸어온 길을 되돌아보며 단초를 찾아보는 것입니다. 중독 회복도 같습니다. 애초에 어떤 과정으로 중독 상태에 도달하게 되었는가를 살펴보아야 합니다.

중독치료자 클레멘스 박사는 중독은 "생존, 특히 정신적인 생존을 위한 시도"이며 "의미 있는 삶에 대한 갈망"이라고 합니다. 일상에서 의미를 찾지 못하면 약물과 중독적인 행동으로 의미 공백을 메우는 것입니다. 그래서 단순한 호기심에서 시작하는 경우도 있지만 흔히 불안함과 슬픔 등 부정적 감정을 유발하는 현실을 받아들이기 힘들 때 중독매개를 통해 피하거나 극복하기 위해서 시작합니다.

처음에는 중독매개를 통해 얻는 쾌락을 좋아하더라도 그로 인하여 현실의 아픔을 피할 수 있음이 더 중요해집니다. 이 과정에서 중독자의 시야가 좁아지고 자신의 세계 안에 더 집중되고 타인과 세상은 멀어집니다.

중독매개는 중독자를 지배하며 중독자의 고통을 유일하게 위로하는 중요한 존재로 다가옵니다. 중독자는 점차 중독매개와 의존적 관계를 형성하고 이 외의 모든 것과 단절하는 배타적인 관계를 형성하게 됩니다.

결국 중독매개가 삶의 우선순위가 되며 세상에 대해 무기력하고, 환경을 육체적으로나 감정적으로 다룰 수 없는 지경에 다다르며 궁극적 붕괴 상태가 됩니다.

즉, 중독에 빠져드는 순차적인 단계가 있다는 의미입니다. 그래서 회복 역시 매우 구체적이고 순차적이고 체계적인 단계와 절차를 거쳐야 가능합니다. 간단하거나 빠르거나 쉽지 않을 수 있습니다. 그래서 중독에 빠져들기 전에 서둘러 예방 프로그램을 도입해야 하는 것입니다. 상류에 독극물이 쏟아져 들어오는 것은 내버려두고 하류에 처리시설을 갖춘들 결국 지는 게임입니다. 우리는 인스턴트 해결책이 아니라 원천에 개입해야 합니다. 문제의 원인과 예방법에 집중해야 합니다.

중독 예방은 따뜻한 연결

미국의 경우 2023년도에 고교생의 31퍼센트가 마약을 포함한 불법 약물을 사용한 경험이 있고, 약 9퍼센트가 물질 남용이나 의존현상을 보입니다. 한국에는 마약과 술 같은 물질보다는 게임과 도박 등 행동에 중독된 경우가 흔합니다.

그러나 2023년 우리의 상상을 초월하는 사건이 보도되었습니다. 10대 10명 가운데 1명은 마약을 사용한 적이 있으며, 초등학생도 포함되었다는 충격적인 뉴스입니다. 더 큰 문제는 어린아이들도 중독성이 강한 약을 처방 없이도 값싸게 구할 수 있는 현실입니다.

2024년도에는 더 충격적인 뉴스가 보도되었습니다. 명문대 학생 300명이 가입한 연합동아리에서 집단 마약 투약 사건이 발생했습니다. 단순 호기심으로 마약을 한 차례 해본 게 아니라 상습적으로 해온 것입니다. 심지어 마약 판매 수익으로 고급 호텔에서 호화 파티를 즐겼다고 합니다.

괴로울 때 가장 손쉽고 빠르게 감정을 바꾸는 방법은 약 처방입니다. 우울하면 각성제, 흥분하면 이완제를 투입해서 감정 상태를 조정하는 방법입니다. 정상적으로는 외부 자극에 따라 오감이 발생하고, 이에 걸맞은 감정을 지니게 되고, 이에 따라 생존이나 성장을 위한 행동을 하게 됩니다. 이와 같은 자기조율 메커니즘에 동원되는 신호분자가 신경전달물질과 호르몬입니다.

그러니 약물 복용은 몸에 신호분자를 직접 투여하여 감정을 자의와 무관하게 인위적으로 조정하는 셈입니다. 손쉽고 빠르지만 아이 스스로 조율하는 능력이 더 퇴보되는 악순환입니다.

하지만 우리는 중독의 문제가 얼마나 무서운 것인지 잘 모르고 남의 일처럼 여기는 것 같습니다. 특히 마약 중독은 심각한데, 게임 중독, 스마트폰 중독, 야동 중독 등 다양한 중독 현상을 거치면서 둔감해진 듯합니다.

중독은 개인적 일탈이며 시간이 지나면 대다수 아이는 별다른 문제 없이 학교를 졸업한다고 생각합니다. 근데 이건 착각입니다. 중독은 시간이 지난다고 저절로 치유되지 않습니다. 중독자는 그저 다른 중독 대상물로 갈아탈 뿐입니다.

게임에서 술, 도박, 섹스, 마약으로 좀더 확실하고 강하게 쾌감을 주는 방식으로 옮겨갑니다. 그러니 한국이 미국처럼 중독자가 늘어나는 건 시간문제일 뿐입니다.

한국보다 한두 세대 먼저 중독이 사회적 문제가 된 미국에서는 중독에 어떻게 대처했는지 알면 우리가 지금 무엇을 해야 하는지 알 수 있습니다. 미국은 1980년 초부터 백악관이 나서서 강력한 마약 근절 캠페인을 시작했습니다. 처벌을 강화하고 모든 학교에서 마약의 위험성을 알리는 홍보 프로그램을 시행했습니다.

1980년대 중반에는 마약 중독(addiction) 대신 마약 사용(use)이라고 표현하기 시작했습니다. '중독자'라는 낙인을 찍지 않아야 마약 사용자가 좀더 자발적으로 치료에 참여할 것이라는 믿음에서였습니다.

1990년대에는 마약 주사기를 마약 사용자에게 무료로 배포하는 공공 서비스를 시작했습니다. 재사용된 마약 주사기로 인한 감염 관련 질병을 줄일 것이라는 믿음에서 비롯된 선의의 보건 정책이었습니다.

그러나 2010년도에 실시된 연방정부 연구는 이 모든 노력이 대실패였다고 결론을 내렸고, 지금 미국은 더 이상 손을 쓸 수 없는 중독사회가 되었습니다. 2023년 국립약물남용통계센터(NCDAS)에 따르면 미국인 5명 중 1명이 마약을, 거의 절반이 대마초를 사용한 적이 있습니다. 마약성 진통제는 인구 1명당 1.7번씩이나 처방되어 대거 남용되고 있으며, 2세부터 17세 아동 중 11퍼센트가 마약 성분의 각성제이거나 진정제인 ADHD약을 복용하고 있습니다.

질병통제예방센터(CDC)에 따르면 중독 치료 비용은 한 명당 평균 3,600만 원이나 되지만 그마저도 치유 성공률에 대한 확실한 통계는 없습니다. 대다수는 치료를 받지 못한 채 매일 300명이 마약 과복용으로 사망합니다. 또한 미국마약남용연구센터(NIDA)에 따르면 약물 남용으로 인한 의료, 사법, 생산성 손실 및 사회적 비용은 2020년도에만 7,400억 달러(거의 1,000조 원)에 이른다고 합니다.

중독자를 범죄자로 여기는 무관용 정책과 강력한 법적 처벌은 실패했습니다. 중독자를 환자로 여기며 치유에 방점을 둔 정책도 실패했습니다. 미국 사례에서 배울 점은 처벌과 치료만으로 중독 문제를 해결할 수 없다는 사실입니다.

마약을 할 때 느껴지는 평온함은 누군가에게 포근하게 감싸 안기는 아기가 된 기분이라고 합니다. 안전감과 연결감은 어릴 적 가정에서 충분히 얻지 못하면 마약을 통해서라도 얻어야만 살 수 있는 인간의 기본 욕구입니다. 그래서 가장 먼저 아이가 단절감과 불안감의 탈출구를 엉뚱한 곳에서 찾지 않도록 예방해야 합니다.

애착육아와 가족 간 유대감을 강화해야 합니다. 학교에서도 교사와 학생 사이의 따뜻한 정서적 연결이 강화되어야 합니다.

회복탄력성을 가르쳐야 할 시간

학교는 이제 학생들의 정신건강을 위해 무엇을 해야 할까요? 학생들이 스트레스를 다스릴 수 있도록 회복탄력성을 가르치고 지도해야 합니다.

회복탄력성이란 피할 수 없는 스트레스를 인내심으로 견디어내거나 깡으로 버티는 것이 아니라 내적 힘을 길러서 성장동력으로 승화시키는 기술입니다.

어릴 때 가르쳐준 양치질이 평생 치아 건강을 지켜주듯이 학창시절 배운 회복탄력성이 평생 정신건강을 지키게 도와줍니다. 양치질 가르치는 시간이면 회복탄력성도 가르칠 수 있습니다. 학교는 이미 빽빽한 교과과정에 새로운 내용을 추가할 여지가 전혀 없다고 하겠지요. 그렇다면 그것은 또 하나의 심각한 중독에 빠져있다는 증거입니다. 학생들의 머리가 터지도록 꽉 채우는 '수능시험'이라는 중독입니다.

중독의 특성은 "특정 물질이나 행동에 대한 강렬한 욕구, 많은 시간과 돈 소비, 이로 인해 생긴 건강 문제, 중단하려고 할 때 금단 증상 등이 발생"하는 현상이라고 하는데 입시는 이러한 특성을 다 지니고 있습니다. 우리는 수능시험을 잘 보려는 강렬한 욕구가 있으며, 시험 준비에 많은 시간과 돈을 소비하며, 그 과정에 아이들을 세계 최고 수준의 불행감을 느끼게 만듭니다.

하지만 아무리 좋은 일도 수능시험 대비가 아닌 것을 하려고 하면 불안해집니다. 그러니 입시야말로 대한민국의 가장 심각한 중독이라고 해도 될 듯합니다.

약과 마약은 한 끗 차이입니다. 적당하면 약이고 지나치면 독이 됩니다. 약이 유통기한을 넘기면 독이 됩니다. 현재 입시는 정도가 지나쳤고 유효 기간도 지났습니다.

입시는 산업화의 원동력이며 새로운 사회 질서를 만들어낸 성공적인 방법이었지만 창의력 시대에는 오히려 걸림돌이 되고 있습니다.

창의력은 모험심과 호기심으로 가득 찬 행위입니다. 실수와 실패가 거듭되고 실망감과 좌절감이 도사리는 험난한 과정을 거칠 수밖에 없습니다. 그래서 스트레스를 스스로 소화해 낼 능력을 갖추어야 창의력을 발휘할 수 있습니다.

그러니 세상과 단절되어 온종일 고독하게 홀로 공부해야 하고 한 번의 실수로 인생이 판가름 나게 하는 수능시험은 유효 기간이 너무 지나서 곰팡이가 핀 상태라고 볼 수 있습니다. 아이를 단절감과 고립감에 찌들게 하여 중독 취약성을 높이는 독이라 할 수 있습니다.

우리가 수능시험 중독에서 벗어나야, 사(死)교육에서 벗어나야, 다른 중독 문제도 해결할 수 있습니다. 현재 국영수사과 내용을 조금 줄이고, 운동 시간은 늘리고, 정신건강과 마음건강을 위한 회복탄력성을 가르칠 여지를 확보해야 합니다. 이럴 때 학생들의 창의력도 커지고 학습의 즐거움도 맛보게 됩니다. 그러면 중독의 유혹에 맞싸우며 가짜 쾌감에 의존할 필요성을 막을 수 있습니다.

무덤 같은 무덤덤함에서 벗어나기

가끔 감정을 차단하고 사는 사람을 보게 됩니다. 처음에는 그냥 무덤덤하거나 사회성이 부족하거나 말이 없는 사람이라고 생각됩니다. 특히 바로 옆에 있는 동료와 학생들에게만 감정을 닫고 사는 교사도 있습니다.

"난 학생을 칭찬하지 않아요. 학생이 날 좋아하지 않아도 괜찮아요." "제가 동료에게 통명스럽다고요? 하지만 저는 맡은 업무에 충실하고 남에게 피해를 주지 않잖아요."

이런 사람들은 감정을 보일 때도 뭔가 어색하거나 꾸며내는 것 같다는 느낌을 줍니다. 고맙다거나 미안하다고 말할 때도 예의상 또는 형식상으로 한다는 인상을 진하게 풍깁니다. 그리고 잘 살펴보면 가장 가까운 부모, 형제와 배우자나 자녀에게 감정을 닫고 사는 것을 알 수 있습니다.

왜 그러는 걸까요? 아예 감정이 빈약하거나 정서적으로 메말라 있기 때문이라면 충분히 이해하겠지만 선택적이기 때문에 혼란스럽습니다. 더군다나 가까운 관계일수록 공감과 호감을 나누기가 더 수월해야 마땅한데 거꾸로 되었으니 이해하기 어렵습니다.

심리학자들은 유독 주변에 가까운 사람에게 차갑게 대하는 행동은 권력욕과 통제욕구에서 비롯된다고 설명합니다. 단지 냉담하거나 정서적 반응을 회피하는 소극적인 행위가 아니라 되레 적극적으로 공격하는 행위라는 것입니다.

주변을 통제하겠다는 마음은 오만함입니다. 내 의지대로 사람을 부리겠다는 마음은 방자함입니다. 신뢰의 본질을 알면 이해할 수 있습니다.

가족, 동료, 사회 등 어느 집단이라도 인간관계가 건강하려면 서로 신뢰해야 합니다. 사람 사이의 신뢰는 공감과 긍정적인 감정적 교류가 배제되어서는 형성되지 않습니다. 특히 아버지, 교사, 관리자 등 집단에서 중요한 위치를 차지한 사람이 감정을 차단하면 그와 불가피하게 관계를 맺어야 하는 다른 사람은 정서적 연결결핍 상태가 됩니다. 필요한 게 결핍되면 어떻게 해서라도 얻으려는 욕구가 발생합니다.

따라서 감정 차단은 고통을 주는 벌같이 다른 사람을 통제하고 권력을 확보하는 수단이 될 수 있습니다. 선별적 차가움이 남의 고통에서 즐거움을 느끼는 경우와 같기에 잔인하다고 하는 것입니다.

물론 차가운 사람은 이러한 사실을 전혀 의식하지 못할 수 있습니다. 그들은 마치 굳은 표정의 독재자같이 굽니다. 배우자가 힘들어하고, 자녀가 눈치를 보고, 동료가 피곤해하고, 학생들이 피하고 싶어 하는 걸 잘 알면서도 변하지 않습니다. 감정을 차단하면 얻는 이득(통제력과 권력)이 있기 때문에 변해야 할 이유를 전혀 느끼지 못하는 것이지요.

그러나 그들은 알아야 합니다. 모든 독재자의 말로가 비참하듯이 가까운 이들에게 감정을 차단하여 연민을 느끼지 못하고 사는 사람들은 결국 외롭게 자멸할 것임을요. 감정이 차단되어 소중한 사람과 함께 기쁨과 슬픔과 고통을 공감하고 공유하지 못하면 가까운 사람들이 서서히 멀어지고, 관계는 죽습니다.

'나'가 아니라 '우리'가 중요해야 관계가 삽니다. 내 주변 사방에 테두리를 쳐서 고립시키면 모두 남이 되어버립니다.

"창민아, 오늘 기분이 어때?" 학생에게 관심을 보이고 미소를 지어줍시다.

"김 선생님, 정말 수고하셨어요. 고마워요." 동료와 선후배에게도 마음을 표시합시다.

정서적 베풂은 돈이 들지 않습니다. 주고 또 줘도 없어지지 않습니다. 가장 위력적인 나눔이며 가장 확실하게 행복해지는 방법입니다.

사교육에서 생교육으로

"저는 고등학교에서 가르치고 있는데요, 요즘 많은 학생들이 친구들에게 욕을 하고 폭력을 휘두르고 왕따도 시키는데 너무 가슴이 아파요. 친구들의 괴로움과 슬픔을 전혀 느끼지 못하는 아이들을 변화시킬 방법이 있나요?"

최근 특강을 한 후에 받은 질문입니다. 여선생님은 울먹이면서 말을 힘들게 이어갔습니다. 아이들에 대한 사랑과 도움이 되고 싶은 마음이 간절하게 다가왔습니다. 눈가를 훔치는 다른 선생님들의 모습이 여기저기 보였습니다. 많은 선생님들이 같은 고민에 깊이 공감하는 모양입니다. 당장도 힘들지만 그 아이들의 미래도 걱정이고, 그들을 사회구성원으로 맞이해야 할 우리 사회도 걱정일 테지요.

저는 한참 머뭇거렸습니다. 제가 마땅히 해드릴 짧은 답변이 없었기 때문입니다. 다행히 초등학생의 경우에는 아직 누군가의 영향력을 듬뿍 받을 수 있는 시기이기 때문에 해줄 수 있는 게 참 많습니다. 중학생의 경우에도 비록 반항하는 사춘기지만 새로운 틀을 짜는 시기인 만큼 개입할 여지가 여전히 있습니다. 그러나 이미 사고의 틀이 상당히 형성된 고등학생을 위해서 쉽게 할 수 있는 일이 있을까요.

"미안해요. 무엇을 할 수 있을지 저도 모르겠어요." 한참 뜸 들인 후에 이런 맥 빠진 답을 하게 되어 정말로 미안했습니다. 선생님들이 바쁜 시간을 쪼개서 어렵게 특강에 참석할 때에는 신통한 해결책을 기대했을지도 모릅니다. 그래서 참석자 모두에게 미안했습니다.

물론 이론적인 답변은 알고 있었습니다. "문제행동은 있지만 문제아는 없다. 아이들은 어른이 하기 나름이다. 문제행동은 아이가 어릴 때부터 생존과 성장에 필요한 다섯 가지 핵심 요소인 보호, 보살핌, 양육, 지지, 지도를 제대로 받지 못해서 생기는 애착손상의 후유증일 확률이 높다. 애착손상으로 어른에 대한 실망과 분노가 생기고, 피해망상과 적대감으로 이어지면서 아이들은 마치 자신을 보호하려고 온몸에 뾰족한 가시를 잔뜩 치켜세운 고슴도치 같다. 그러니 어른은 그런 아이들마저 품어야 한다."

하지만 저는 현실도 잘 압니다. 고슴도치 같은 아이를 보살피려고 한 적이 있기 때문입니다. 아이를 돕는 동안 아이의 가시에 여기저기 찔리는 바람에 제 몸 역시 상처투성이가 되었습니다. 그러다보니 제 몸이 반사적으로 웅크려지고 신경이 곤두서지고 그저 피하고 싶어졌습니다. 아이의 거친 행동에 짜증이 났고 아이가 미워졌고 야단치고 싶어졌습니다. 결국 저마저 가시를 치켜세운 고슴도치가 되었습니다.

그래서 저는 빠르고 간단한 해결법은 모릅니다. 제가 아는 방법은 시간이 많이 걸립니다. 교사가 먼저 고슴도치를 끌어안아도 크게 다치지 않도록 회복탄력성을 갖추어야 한다는 것입니다. 최소 100일이 걸립니다.

그 다음에는 고슴도치 가시에 흐르는 슬픔과 분노와 절망에 다가갈 수 있는 감정적 대화의 기술을 지녀야 합니다. 또다시 100일이 걸립니다. 이런 장기전을 치르기 위해서 교사는 지식 전달자가 아니라 지혜 전달자로 거듭나야 합니다. 아마 100일이 추가로 필요할 것 같습니다.

그래서 간단한 해결책은 답을 아는 분들에게 맡기고 저는 현재 선생님들을 이 긴 여정으로 안내하는 연수를 제 연구소에서 진행하고 있습니다.

연수를 받는 몇몇 선생님들은 "아이가 문제인데 왜 또 교사보고 이래라 저래라 하는지 못마땅하다"면서 그만둡니다. 어떤 선생님은 너무 오래 지식 전달자로 살아왔기에 변하기 너무 늦었다면서 포기합니다. 그러나 은퇴를 코앞에 두고도 완주하는 원로교사도 있습니다. 완주하는 분들이 공통적으로 하는 말씀이 있습니다.

"내가 아이들에게 얼마만큼 큰 도움이 되었는지는 모르겠어요. 그러나 내가 더 행복해졌어요. 그리고 더 좋은 교사가 될 수 있겠다는 자신감이 생겼어요. 이 긴 여정을 선택하기 참 잘했다는 생각이 듭니다."

그렇습니다. 우리는 선택할 수 있습니다. 아이들과 우리가 행복해지는 길을요. 우리 모두 고슴도치가 될 것인가 아니면 우리 모두 힘을 합쳐서 고슴도치 양산을 막을 것인가. 그것은 우리가 지금 어떤 선택을 하는가에 달려있습니다.

3부

교사와 학생들의
마음건강을 돕는 심리 기술

5장

정신의 힘을
회복하기

드디어 해결책을 다루는 3부에 오셨습니다. 여기서 제시하는 해결책은 한국 교육 전반에 대한 것이 아니라 교사가 교실에서 학생들에게 해줄 수 있는 활동 위주로 소개합니다. 학부모가 자녀에게 해주면 좋은 내용이기도 합니다. 그런데 선생님은 분명히 느끼게 될 것입니다. 여기에 제시된 교육 해결책이 본인의 성공과 행복에도 해당한다는 것을요.

맞습니다. 학생과 교사, 부모와 자녀는 샴쌍둥이처럼 떼어놓을 수 없지요. 학생에게 좋은 교육은 교사에게도 좋고, 교사와 학부모를 위한 기술은 학생을 위한 기술이기도 합니다.

세계적인 역사학자 유발 하라리 박사는 "변화무쌍한 미래 세상에 확실하게 필요한 것은 일생을 살아가는 동안에 계속해서 자신을 재창출할 수 있는 능력이다. 그래서 교육에서 가장 중요한 것들은 정서지능(마음건강)과 정신건강이다"라고 말합니다.

이것도 맞습니다. 마음건강과 정신건강이 중요합니다. 돈은 벌었는데 마음이 괴롭거나 남들 부러워하는 직장에서 일하는데 마음이 상하고 정신이 피폐해져서 죽고 싶다면 성공한 게 아니지요.

여기서 마음건강과 정신건강에 대해 짚고 넘어갈 문제가 있습니다.

아이가 게임에 정신이 팔려서 폐인이 되어가는데 마음을 치유하는 심리상담을 받는다면 어떨까요? 정반대로, 아이가 마음이 뒤틀려서 문제행동을 하는데 정신과 치료를 받는다면 어떨까요? 처방받는 정신과 약은 흔히 몸 각성제 또는 몸 이완제입니다.

건강을 위해 동원되는 방법들이 이상합니다. 마치 치아가 상했는데 안과를 찾고, 눈에 이상이 생겼는데 치과에 가고, 치과에서 위장약을 처방받는 셈입니다. 아무리 몸과 마음과 정신이 서로 연결되어 있다 하더라도 이건 중구난방인 것 같습니다.

좋다는 것은 많지만 효과가 입증되고 일관된 방법을 동원해야 합니다. 다행스럽게 정신을 차리고, 마음지능을 높이고, 희망을 선택하는 방법은 있습니다. 기술이기 때문에 가르칠 수 있고 배울 수 있습니다.

하지만 모든 기술을 여기에 망라할 수 없기 때문에 가장 시급하고 쉽게 할 수 있는 것부터 다룹니다. 틈틈이 우리 모두 힘을 합쳐서 각 학교와 가정에서 시도해 볼 만한 내용도 군데군데 제안합니다.

맞습니다. 이 방법만 가지고는 교육 현장의 고질적인 문제가 해결되지는 않을 것입니다. 하지만 이것만이라도 하지 않으면 한국 교육의 미래는 없을 것 같아서 말씀드립니다.

정신의 여섯 가지 특징

우리는 정신에 대해 이런저런 표현을 합니다. 정신을 판다, 제정신이 아니다, 정신을 차린다 등. 이것은 우리의 정신 상태가 어떠한지를 보여주는 표현이지요.

요즘 게임과 스마트폰에 정신을 판 아이들이 참 많습니다. 못하게 할 때 화를 내며 보이는 공격적인 태도는 제정신이 아닌 것 같습니다. 어떤 학생은 무기력증에 빠져서 정신이 멍해 보입니다. 최근에 학생들이 공부에 집중하기 위해서 ADHD약을 복용한다는 정신 나간 짓이 뉴스에 보도되었습니다. 이런 아이들을 어떻게 도와주어야 할까요?

우리도 바쁘면 정신이 없습니다. 나이가 들면서 정신이 자꾸 깜빡깜빡하고, 오락가락하고, 들락날락합니다. 스트레스 받으면 정신이 피폐해집니다. 몸이 피곤하면 정신 집중이 잘 안 됩니다. 우리는 이런 상태에 대처할 수 있어야 합니다. 건강한 정신은 학생들의 안녕만이 아니라 우리 모두의 안녕과 직결되어 있어서 중요합니다.

가장 먼저 정신이란 무엇인지 개념을 정리하겠습니다. 정신은 두루뭉술하게 사용해 온 단어지만 이제는 정신건강 측면에서 정확하게 짚고 넘어가야 할 때가 되었습니다. 먼저 정신의 정체를 바로잡고, 그다음에는 정신의 여섯 가지 특성을 알아보고, 마지막으로 뇌과학은 정신에 대해서 무엇을 말하고 있는지 살펴보겠습니다.

정신(精神)은 몸의 에센스인 정(精)과 혼 또는 넋의 에센스인 신(神)이 연결된 상태입니다. 몸[백(魄), 신체]은 '지금-여기' 존재합니다. 넋[혼(魂), 영]은 몸에 있다가 언제든지 날아가고 흩어질 수 있습니다. 평소에 혼과 백이 서로 연결되어야 정신 차린 상태가 됩니다. 그런데 갑자기 쇼크를 받으면 혼과 백이 흩어지게 되고, 이를 혼비백산(魂飛魄散)이라고 하지요. 그래서 우리는 평소에 정과 신을 연결하기 위해 정신줄을 붙잡고 살아야 하며, 정신줄을 놓으면 정신 나간 상태가 됩니다.

정신에는 여섯 가지 특성이 있습니다. 첫째, 일반적으로 아주 일부분만 알아차립니다. 마치 어둠 속에 손전등 하나 비추는 것과 같습니다. 환하게 비친 곳만 눈에 보이며, 그것만 알아차리게 됩니다. 손전등이 비친 공간은 전체의 지극히 작은 일부라는 뜻입니다.

둘째, 정신은 시공간을 초월하여 돌아다닙니다. 마치 밤길에 좀

더 많이 보려고 손전등을 좌우로 흔들며 걷듯이, 정신은 시공간을 넘나들며 과거로 갔다, 미래로 갔다, 오락가락 들락날락합니다. 우리는 과거의 일을 가지고 후회하고 원망하고 미워합니다. 내 몸은 매 순간 조금씩 미래로 나아가는데 정신은 과거에 집중하는 것입니다. 걱정하고 근심하고 불안해하는 건 몸이 '지금-여기'에 있는데 정신만 먼저 미래에 가 있는 것입니다. 둘 다 혼과 백이 서로 떨어져 나가서 괴로운 상태입니다.

셋째, 보통 이상하거나 부정적인 것에 집중합니다. 인간은 부정적인 자극을 우선적으로 지각하게 되어 있습니다. 이는 자신을 보호하고 생존하기 위한 장치입니다.

넷째, 쾌감을 주는 곳에 정신을 팝니다. 스트레스를 받으면 쉽게 드라마, 수다, 도박 등 소비적인 활동에 집중합니다. 괴로움에서 일시적으로 벗어나기 위해서인데, 그 대가로 정신을 팔아버립니다.

다섯째, 정신이 썩기도 합니다. 돈, 명예, 권력 같은 끝이 없는 욕망에 정신을 집중하는 경우입니다.

마지막으로, 정신 차린 상태가 있습니다. 정신을 어디에 집중하는가에 따라 정신 상태가 달라지는데, 소중한 것에 정신을 집중시킬 때 비로소 정신 차린 상태가 됩니다. 그러니 무엇이 소중한가를 알아차리는 게 우선입니다.

정신 차림의 첫 조건은 알아차림입니다.

알아차림에 대한 뇌과학 연구가 진행되면서 새로운 사실들이 밝혀지고 있습니다. 새로 발간된 심리학 교과서는 처음부터 끝까지 뇌 사진과 그림으로 도배되고 있습니다. 이제는 예전에 배웠던 심리학으로는 충분하지 않은 것이지요.

한 예로, 우리는 스트레스에 대한 공격(fight) 또는 도피(flight), 생존 행동으로 이어지는 것을 '파충류 반응'이라고 배웠습니다. 공격과 도피가 안전을 보장하지 못하게 되면 세 번째 반응인 얼어붙음(freeze) 상태가 되는데, 그게 '정신 나간' 상태입니다.

파충류 반응은 60년 전 신경과학자 폴 맥린(Paul MacLean)이 뇌간(파충류의 뇌) - 변연계(포유류의 뇌) - 대뇌피질(영장류의 뇌)로 이루어진 3단계 뇌 모델을 제시했을 때 나온 것입니다. 그 후로 뇌과학 연구는 급속도로 발전했고 새로운 연구 결과가 속속 나오고 있습니다.

우리는 대뇌와 소뇌라는 명칭에서 오는 편견부터 깨야 합니다. 실제로 대뇌가 작은 뇌이며 소뇌가 가장 큰 뇌입니다. 우리는 뇌간이 8퍼센트, 변연계가 2퍼센트, 대뇌피질이 80퍼센트나 되고 나머지 10퍼센트는 작은 움직임을 조정하는 소뇌가 차지한다고 배웠습니다. 하지만 이는 부피로 측정한 결과입니다.

뇌의 능력을 가늠하는 뉴런의 수로 따지면 뇌간은 1퍼센트, 변연계는 10퍼센트, 대뇌피질이 고작 10퍼센트이며, 작아서 대수롭지 않게 여겨왔던 소뇌가 무려 80퍼센트입니다. 소뇌와 대뇌 사이즈 개념과 능력이 완전히 뒤바뀐 셈입니다.

우리는 소뇌의 주요 기능을 자세와 균형의 유지, 근육 긴장의 유지, 자발적 운동의 조절 등 이차적이라고 배웠지만, 최신 연구 결과는 매우 다릅니다. 소뇌는 사고력, 공감력, 창의력, 문제해결력에 관여하며, 언어와 소통에 중요한 역할을 합니다. 그리고 의식과 정신의 핵심 요소인 알아차림을 처리합니다.

소뇌는 간뇌(diencephalon)와 함께 몸에서 두뇌로 전달되는 감각정보와 두뇌에서 몸으로 전달되는 행동 지시 사이를 조율합니다. 즉 인풋(오감) 정보와 아웃풋(행동) 정보를 실시간 비교하고 판단해서 섬세하게 조정하고 수정하는 일을 하는 것입니다. 즉, 현실(자극)과 반응 사이를 조율하는 책임을 지고 있으니 정신건강에 핵심 부위인 셈입니다.

앞으로 더 많은 뇌과학 연구 결과가 나올 것입니다. 그래서 아마도 생명(신체) - 감정(정서) - 생각(인지)으로 나눠진 3층 뇌 모델에서 이 셋 사이를 관통하며 조율하는 기능을 포함한 새로운 '4단 뇌 모델'이 대세를 이룰 것입니다. 이에 따라 블룸(B. S. Bloom)의 교육목표 분류법이 업데이트되어 인지 영역, 정서 영역, 신체 영역 외에 조율 영역이 추가될 것입니다.

뇌과학의 발달에 따라 예비교사가 배우는 교과과정의 내용도 업데이트하고 업그레이드해야 할 때입니다. 더 많은 지식이 아니라 새로운 교육 비전과 학습 모델을 구축해야 학생과 학부모에게 환영받습니다.

소중한 것 알아차리기

 "호랑이한테 물려가도 정신만 차리면 산다"는 속담이 있지요. 요즘 세상의 호랑이는 뭘까요? 누구도 피할 수 없는 스트레스일 것입니다. 한 치 앞을 내다볼 수 없는 변화무쌍한 세상에는 스트레스 때문에 정신이 피폐해지기 쉽지요. 자, 이제 정신 차리는 기술을 소개하겠습니다. 정신 집중해 주시기 바랍니다.
 정신 차림은 정신 집중과 다릅니다. 정신 차림은 정신을 어디에 집중하는가에 달려있습니다. 게임이나 SNS에 정신을 집중하면 '정신을 팔아넘긴' 상태가 됩니다. 소비적인 활동을 하기 위해 너무 큰 값을 치르는 셈입니다. 반면 성공(돈과 명예와 권력)에 정신을 집중하면 '얼이 썩은' 상태가 됩니다. 돈은 벌수록 더 벌고 싶고, 높은 곳에 올라가면 정상에서 영원히 있고 싶어집니다. 그래서 삶이

고달파지는, '어리석은' 상태입니다.

창의력은 정신 차린 상태에서 발휘됩니다. 정신을 집중하면 시야가 좁아지는 '터널 비전'이 된 상태이고, 정반대로 정신 차림은 시야가 확 트이는, 알아차림이 확장된 상태입니다. 보이지 않던 해결 방안들을 볼 수 있는 혜안이 생긴 상태입니다. 기존 생각의 틀을 뛰어넘는 직관과 영감을 만날 수 있는 창의적인 상태입니다.

시야를 트이게 하는 정신 차린 상태에서 무엇을 봐야 할까요. 내 인생에 이루고 싶은 가장 소중한 것은 무엇인가, 내가 무엇을 할 때 내 인생이 가장 가치로운가에 대한 답을 보아야 합니다. 그러니 정신 차림은 진로, 꿈과도 직결되어 있습니다.

그러면 어떻게 해야 소중한 것에 정신을 집중하는, 정신이 건강한 인재와 리더로 성장할 수 있을까요. 큰소리로 "정신 차려" 외친다고 되는 게 아닙니다. 얼차려 시킨다고 되는 것도 아닙니다. 정신을 어디에 집중해야 정신 차린 상태가 될까요.

> 무엇이 소중한지에 대한 알아차림이 있어야 정신 차린 상태가 되는 것입니다.

아이들의 정신 차림에 도움 되는 방법을 소개합니다. 제가 가장 좋아하는 방법인데, 간단해서 곧바로 시행할 수 있습니다. 여러분은 아이의 나이에 좀더 적합한 방식으로 응용해서 만들 수 있습니다. 가장 손쉬운 방법부터 시작하겠습니다.

① **젤리 빈 먹기**

아이들은 흔히 달달한 젤리 빈을 여러 개 입에 넣고 몇 번 씹지도 않고 꿀꺽 삼킵니다. 이번에는 젤리 빈 하나를 눈으로 보고, 냄새를 맡아보고, 손으로 만져보고, 입에 머금어보고, 천천히 아주 천천히 먹으라고 합니다. 오감을 다 동원해서 느껴보라고 합니다. 이것이 알아차림의 시작입니다.

② **바디 스캔하기**

정신을 각자의 발끝에 집중하게 합니다. 서서히 발목, 종아리, 무릎, 허벅지, 엉덩이, 배, 가슴, 어깨, 팔, 손, 목 그리고 얼굴 부위로 정신을 옮겨가게 합니다. 각 부위가 어떻게 느껴지는가를 말해 보게 합니다.

별 게 아니지요. 그러나 젤리 빈 먹기는 외적 요소에 대한 알아차림이라면 이번에는 내적 요소에 대한 알아차림에 대한 연습입니다. 특별한 것이 아니어서 평소에 전혀 의식하지 않았던 것들을 의식하는 연습입니다.

이런 활동이 어느 정도 진행되면 두 가지를 합칠 수 있습니다. 입안에 들어가는 젤리 빈에 정신을 집중하게 하고, 서서히 혀, 입천장, 목구멍을 느껴보게 하세요. 아이들에게 어떻게 느껴지는가를 말하게 합니다.

③ 조례 시간에 3분 알아차림 연마하기

젤리 빈 한 봉지로 알아차림을 연습할 수 있습니다. 다음 날에는 박하사탕 한 봉지, 그다음에는 호두 세 알을 쪼개면 반 아이들 모두 나눠 먹을 수 있습니다.

아이들이 무엇을 먹을 것인가를 제안하게 하세요. 아주 다양한 내용물로, 돈 많이 들이지 않고 할 수 있습니다. 어차피 마음을 안정시키고 정신을 집중시키는 데 쓰는 조례 시간을 알아차림을 위한 기회로 만들 수 있습니다.

그 다음 단계로 해야 할 게 두 가지 있습니다. 아이들이 세상과 세계가 다르다는 점, 인간과 사람이 다르다는 사실도 알아차리도록 도와야 합니다.

내가 살아가는 세상, 내가 만들어가는 세계

'정신세계'라는 표현이 있습니다. 그러나 '정신세상'이라는 표현은 없습니다. 우리는 엇비슷한 세계와 세상이란 두 단어를 평소에 무의식으로 잘 구분해서 사용하지만 어떻게 다른지 특별히 생각해 보지 않았습니다. 그러나 세계와 세상은 다르며, 이 둘의 차이를 알 때 정신 차리고 살 수 있습니다.

저는 어릴 때 새해가 되면 참 설렛습니다. 마치 저를 찾아온 중요한 손님을 맞이하듯이 실제로 새로운 세상을 맞이하는 것처럼 새 옷으로 단장하고 정신을 가다듬어 새로운 목표도 세워보고 마음을 단단히 준비했습니다. 지금은 아쉽게도 설렘은 사라졌지만 그래도 기대는 해봅니다. 하지만 원래 세상은 몸과 마음을 채비해서 맞이할 만큼 반가운 곳이 아닌 것 같습니다.

"세상만사 다 귀찮다. 이래도 한 세상 저래도 한 세상. 세상은 각박해도 인정은 후덥다." 이런 흔한 넋두리에서 볼 수 있듯이 우리는 세상을 뭔가 힘들고 인간의 힘으로 쉽게 바꿀 수 없는 것으로 여겨온 듯합니다. 살다보면 생존을 위해서 치열하게 싸우는 전투처럼 힘겨울 때가 많잖아요.

"아기가 세상에 태어났다"고 말하듯이 우리에게 세상은 그냥 주어진 곳입니다. 세상은 나보다 훨씬 더 큰 공간이며 내가 태어나기 전에도 있었고 내가 죽은 후에도 그대로 흘러가는 시공간입니다. 세상이 주인이고 난 잠시 왔다가 떠나가는 존재입니다. 그러니 세상은 잘 변하지 않고 새해가 되었다고 갑자기 새로워지지 않습니다.

그러나 다행스럽게 세상과 다른 세계가 있습니다. 세계는 내 마음대로 들락날락할 수 있고 내가 스스로 만들 수 있는 시공간입니다. 나의 내면세계도 있고 나의 정신세계도 있습니다.

가족과 함께 만들어가는 가정이라는 지극히 개인적인 세계와 친구들과 함께 만들어가는 단톡방처럼 남들과 함께 만들어가는 공유된 세계도 있습니다. 동료와 함께 만들어가는 일터인 '잡월드'도 나의 세계입니다. 시댁의 세계를 뜻하는 '시월드'는 내가 관여되어 있고 내가 개입되어 있는 세계이며 또한 내가 만들어가는 세계입니다.

이처럼 내가 살아가는 세상과 내가 만들어가는 세계는 다릅니다. 세상은 지속적인 하나지만 세계는 변화무쌍하고 다양합니다. 세상은 모두에게 같지만 세계는 사람마다 다를 수 있습니다. 세상은 생존과 투쟁이 있으나 세계는 나의 선택과 노력에 따라 성장과 창조로 이루어집니다.

세상 사는 게 힘들더라도 우리는 각자 행복한 세계를 만들 수 있습니다. 한 개인이 세상을 바꾸기는 어려워도 자신의 세계는 얼마든지 만들 수 있습니다. 세상을 바꾸려 하기 전에 먼저 자신의 세계를 더 좋고 멋지게 만들어보는 게 순서입니다.

'수신제가치국평천하(修身齊家治國平天下)'란 말이 있듯이 자신을 다스리는 게 모든 변화의 첫 단계입니다.

새해 첫 날이 바로 세계를 새롭게 만들어볼 수 있는 적절한 시기입니다. 저는 비록 작심삼일이 될지언정 새해 첫 날만큼은 무언가 새롭게 시도해 볼 작정입니다. 이마저 하지 않는다면 작년과 다름없는 올해가 될 것이 뻔하기 때문입니다.

우리에게 일 년은 눈 깜빡할 사이처럼 짧게 느껴지지만 아이들에게 일 년은 훨씬 느려서 상상할 수 없는 긴 시간으로 여겨집니다. 그래서 아이들은 새로운 다짐을 매달, 매주 해도 됩니다. 매주 아이들이 자신의 새로운 세계를 구축하고 새롭게 시작할 계기로 만들 수 있도록 도와주세요.

베스트가 아니라 유니크가 핵심

- 짐승만도 못한 인간아.
- 인간 말종이네.
- 이 놈의 인간아.
- 인간성이 더럽다.

- 사람 살려.
- 사람 찾습니다.
- 사람 다 됐다.
- 사람 구실한다.

인간이란 단어는 좀 부정적 뉘앙스가 있는 표현에 자주 사용됩니다. 정반대로 사람이란 단어는 다소 긍정적 뉘앙스를 풍깁니다.

이런 표현들을 비교하고 종합하면 인간과 사람 사이에 몇 가지 재미있는 차이를 알아차리게 됩니다. 인간은 선천적이고 수동적인 존재라면, 사람은 후천적이고 능동적인 존재입니다.

사람은 되어가는 존재이며 살아가는 존재입니다. 사람이 되어가는 정도를 사람 됨됨이라고 하지요. '구실'이라는 역할을 다하는 게 사람입니다.

사람은 그냥 사는 존재가 아니라 어떤 가치 있는 목표를 향해 제 구실을 하면서 살아가는 존재입니다. 세상에 인간으로 태어났지만 사람이 되어야 성공적인 삶을 사는 것입니다. 그래서 우리는 사람이라면 그 누구라도 살릴 가치가 있는 귀한 존재로 여겨왔습니다.

이 과정에 부모와 교사가 개입합니다. 교육은 양육과 훈육과 더불어 세상에 인간으로 태어난 존재를 사람 구실하며 가치있게 살아가는 존재로 성장시켜 주는 일입니다.

인간은 명사이고 사람은 움직임을 전제로 한 동명사입니다. 움직임에는 시간 흐름이 있으며, 그래서 과거와 현재와 미래가 있고, 그 사이에 스토리(역사)가 있고 선택지(꿈과 비전)가 존재합니다.

교육자는 아이들이 어떤 비전과 열정을 품고 살아가는가? 어떤 의미와 가치를 추구하는가? 자신이 살아온 이야기와 앞으로 어떻게 살고자 하는지에 대한 이야기를 풀어낼 수 있도록 도와주는 존재입니다.

교육은 아이들의 스펙을 높게 쌓아주는 게 아니라 좋은 스토리가 나오도록 돕는 일입니다.

스펙은 파편적으로 구성할 수 있습니다. 영어 실력과 사회봉사와 컴퓨터 자격증 같은 스펙은 서로 불연속적이며 분절된 개체로 이루어져 있습니다. 일정한 순서 없이 이것저것 닥치는 대로, 또는 특별한 의미 없이 남이 다 하기 때문에 나도 해야 한다는 식으로 취득해 나갈 수 있습니다. 그러나 스토리는 앞뒤 전후 맥락이 있어야 하며, 기승전결의 전개가 있어야 하며, 의미와 가치가 담겨있어야 하며, 감동과 주인공이 있어야 합니다.

스펙은 모두가 갖추고자 하는 비슷한 요인들이기에 유사성에서 돋보이기 위해 남보다 많이 쌓아야 합니다. 즉, 남보다 얼마나 더 높거나 많은가로 압축되는 양적 비교에서 베스트가 되어야 합니다. 학교성적, 토플점수, 봉사활동 횟수 등 한정된 몇 가지 항목 내용의 양적 경쟁입니다. 누가 베스트인가를 따지는 일입니다.

스펙 쌓기는 피 터지는 경쟁을 해야 베스트가 될 수 있고, 나머지는 다 실패자가 됩니다. 그 과정에서 정작 개인은 소멸되고 맙니다. 즉, 자신의 인생 스토리에 주인공이 다른 출연자와 별다를 바 없어집니다.

그러나 스토리는 남과 얼마나 다르냐의 개념입니다. 베스트가 아니라 유니크가 핵심 키워드입니다. 유사성이 아니라 유일성이 핵심이며, 남과 얼마나 다른가가 자신만의 경쟁력이 됩니다.

유니크한 사람은 남과 경쟁하지 않고도 경쟁력을 갖춘 사람입니다.

베스트는 언젠가는 그 자리를 남에게 내주게 되지만, 유니크는 죽을 때까지 경쟁력을 지켜냅니다. 그래서 베스트는 죽어라고 공부한(study) 사람이라면, 유니크는 생존력이 강한(sturdy) 사람입니다. 자신의 인생 스토리에 주인공으로서 다른 출연자와 확연히 차별되는 인물로 등장해야 합니다.

스펙은 남에게 인정받고자 하는 노력의 결과를 보여준다면 스토리는 살아온 모습과 살아가는 방법과 인간의 품격(인성)을 보여줍니다. 인성은 벼락공부로 이루어지지 않으며 시험 날 컨디션에 좌우되지 않습니다. 인성은 오랜 기간에 걸친 학습으로 닦이는 실력입니다.

남에게 감동을 주는 스토리는 자기 인생을 진정으로 살아본 사람만이 지녔습니다. 부디 우리 아이들에게도 자기 인생을 사는 감동적 스토리가 많이 쏟아져 나오기 바랍니다.

프로와 아마추어의 차이

몇 년 전 아침에 생방송으로 전국에 중계되는 KBS 신년특집에 출연했습니다. 방송이 시작되자마자 제가 그만 방송 사고를 내고 말았습니다. 방송이 시작되었는데 저는 리허설인 줄 알고, 첫 멘트를 책임진 제가 사회자의 질문에 답을 하지 않았던 거지요. 창피한 마음과 제작진들에게 미안한 마음으로 방송 내내 신경이 쓰였습니다. 결국 방송에 집중하지 못했고 여러 차례 버벅거리고 말았습니다.

역시 저는 방송 아마추어였습니다. 프로였다면 첫 실수를 깨끗하게 잊어버리고 정신줄을 놓지 않고 나머지 방송에 최선을 다했을 것입니다. 프로는 실수를 하지 않는 완벽한 사람이 아니라 실수에 연연하지 않는 사람입니다.

프로와 아마추어의 차이는 실수한 후에 어떤 정신력을 보이느냐에 달렸습니다. 아마추어는 실수 한방에 무너집니다. 실수한 사실 때문에 창피함, 굴욕감, 미안함에 시달립니다. 혹시나 다시 실수할까 봐 두려움, 무거움, 초조함에 의기소침해집니다. 또 그러한 자신의 모습에 대한 실망감, 초라함, 자기혐오감에 점점 심사가 뒤틀립니다.

부정적 감정이 꼬리를 물고 더 강한 부정적 감정으로 이어지면 결국 좌절하고 절망하고 포기하게 됩니다. 즉, 실수 그 자체가 사람을 망치는 게 아니라 실수에 동반되는 부정적 감정이 자신을 파괴하는 것이지요.

프로는 실수하거나 실패하더라도 곧바로 진정하고 정신을 차립니다. 물론 실수를 잊어버리라는 게 아닙니다. 그러면 스스로 발전이 없겠지요.

예체능계에서는 '마인드 컨트롤'이라고도 하는 자기진정을 합니다. 감정에 매몰되지 않는 자기조율의 시작입니다. 그래야 실수해서 넘어지더라도 다시 일어서는 회복탄력성을 갖추게 됩니다. 이런 반복된 과정을 통해서 경험이 축적되면 위기 상황에서도 정신적 여유가 생깁니다. 그제야 비로소 성숙해지고 강인해졌다고 말할 수 있습니다.

강인함은 그저 강하기만 한 게 아니라 부드러움과 조화를 이룬 상태입니다. 부드럽고 유연해야 돌이킬 수 없는 과거를 수용하고, 더 나은 미래를 준비하기 위해 현시점에 집중할 수 있습니다. 실패로 인한 부정적 감정 에너지가 자신을 파괴하지 않게 절제하고, 건설적인 선택을 할 수 있게 합니다.

강인한 정신력은 세계 챔피언급 프로들만이 아니라 모든 프로들이 실천합니다. 피겨스케이팅 선수와 골프 선수만이 아니라 가수가 무대에 오르기 전에, 축구 선수가 프리킥을 차기 전에, 외과 의사가 수술을 시작하기 전에 정신을 가다듬습니다. 이들은 프로가 되기 위해 자기조율을 연마한 것입니다. 즉, 자기조율은 습득할 수 있는 기술입니다. 배울 수 있기에 가르칠 수도 있습니다.

프로가 되도록 가르쳐야 하는 분야가 하나 더 있습니다. '인생'이라는 분야입니다. 자기조율을 못하는 사람은 외부 자극에 동물같이 즉각적인 반응을 보이면서 나중에 후회할 행동을 저지르게 됩니다. 욕망을 조율하지 못하는 소인배의 삶을 살면서 자신의 인생만 망가지는 게 아니라 주변 뭇사람의 인생도 망칠 수 있습니다.

아이들이 아마추어가 아니라 프로다운 정신력을 갖추어서 사회에 진출하면 좋겠습니다. 그래야 실수와 실패를 거듭할 수밖에 없는 변화무쌍하고 예측불허한 세상에서 좌절하거나 절망하지 않게 됩니다.

학교와 가정은 아이들의 정신이 건강하도록 도와주는 곳이어야 합니다. 지식과 더불어 지혜 그리고 정보처리와 더불어 자기조율과 정신 차리는 능력을 갖추도록 돕는 곳이어야 합니다.

멘탈이 강해지는 6초의 여유

사람은 스트레스가 증가하면 언젠가는 무너지게 되어 있습니다. 멘탈이 센 사람은 무너지지 않는 사람이 아니라 재빠르게 회복하는 사람입니다. 스트레스에 약한 사람은 빨리 무너지기도 하지만 한 번 무너지면 그 상태가 오래 지속됩니다. 이럴 때 우리가 가장 흔히 하는 행동이 술로 모든 감각을 떨어뜨리거나, SNS나 게임에 빠지거나, 홈쇼핑을 하는 일입니다. 그런데 이것은 모두 나 아닌 요소들을 동원해서 일시적으로 그 스트레스 상황에서 도피하는 의존적인 행동입니다. 효과가 일시적이다 보니 계속 반복하게 되고 반복할 때마다 강도를 조금씩 높여야만 합니다. 그래서 중독에 빠지는 겁니다.

멘탈이 강인한 사람은 이런 방법을 사용하지 않습니다. 술 때문에,

마약 때문에, 쇼핑 때문에 내가 행복한 것이 아니라 스트레스가 있음에도 행복할 수 있는 방법을 실천합니다.

성공하는 사람들의 특징이 있습니다. 바로 6초의 여유를 누리는 능력을 지녔습니다.

스트레스나 자극을 받으면 감정은 0.2초 만에 생깁니다. 0.2초 안에 인간이 할 수 있는 일은 아무것도 없습니다. 그래서 감정은 자연스러운 반사 반응일 뿐입니다. 감정(emotion)을 그냥 내버려 두면 행동(motion)으로 이어집니다.

그러나 행동이 나올 때까지는 시간이 좀더 걸립니다. 예를 들어서 운전할 때 누가 갑자기 끼어들면 모두 예외 없이 놀랍니다. "아이" 한 마디 내뱉고 끝내는 사람도 있고, 어떤 사람은 망치 들고 나갑니다. 크고 작은 행동 반응의 시간이 평균 6초라고 합니다. 바로 이 6초 안에 어떻게 대처하느냐에 따라 인생이 달라집니다.

감정이 생기는 0.2초와 행동이 나오는 6초 사이에 내가 개입해서 바람직한 행동이 나오도록 조율하고 관리하는 사람이 인생에서 성공합니다. 눈 깜빡거리는 0.2초와 숨 한 번 깊게 들이쉬는 6초 사이에 인생의 진로가 달라집니다. 순식간에 벌어지는 일입니다. 실제로 순(瞬, 눈 깜빡거림)과 식(息, 호흡) 간(間, 사이)입니다.

심호흡은 수천 년 동안 내려온 비법인데, 마음 다스림의 효과가 최근에 과학적으로 밝혀졌습니다. 스트레스를 받으면 온몸이 자동으로 생존 모드로 진입하면서 오장육부가 다 각성됩니다. 심장, 신장, 위장, 소장, 대장을 이완시켜야 몸이 정상화될 텐데 이 어느 하나 마음대로 제어되지 않습니다.

다행스럽게 예외가 하나 있지요. 바로 폐장입니다. 폐장은 내 마음껏 조절이 가능합니다. 조물주가 인간이 스스로 몸에 개입할 수 있는 수단을 딱 하나 허락한 것입니다. 바로 심호흡입니다. '겨우 이거야?' 하지 말고 해보세요. 감정 관리가 가능해집니다.

단 스트레스 받을 때 "심호흡해야지" 하고 머리가 기억하고 숨을 쉬면 너무 늦습니다. 몸이 기억해서 심호흡이 자동으로 작동되어야 몸이 안정되는 효과를 발휘합니다. 몸이 기억하게 만드는 방법은 하나입니다. 평소에 심호흡 루틴을 세워서 연마하는 것입니다.

제 루틴을 소개합니다. 평상시 다음 행동을 할 때 6초간 들숨을 깊게 들이쉬고 내쉽니다. 즉, 따로 시간을 내어 심호흡을 연마하는 게 아니라 평소 생활에서 틈틈이 실천합니다.

- 책상에 앉을 때 6초
- 전화를 걸거나 받으면서 6초
- 타인을 만나기 직전에 6초
- 배우자를 만나기 직전에……

고마움의 역설

우울한 사람은 세상에 고마운 게 하나도 없
다고 합니다. 행복한 사람은 세상에 고마운 게 넘쳐난다고 합니다.
같은 세상인데도 보는 시각이 달라도 너무 다릅니다.

시각은 눈[目]으로 보는 견(見)이 아니라 정신(과 관련된 示)
으로 보는 시(視)입니다.
고마움은 찾아보는 게 아니라 보이는 게 다 고마운 일임을
알아차리는 것입니다.

고마움은 다른 존재에 대한 알아차림이며, 다른 존재가 나에게
높은 가치를 베풀었다는 알아차림입니다. 그래서 내가 고마움을

많이 발견하면 할수록 나는 그 많은 존재로부터 배려 받을 가치가 있는 고귀한 존재가 됩니다. 저는 이것을 '고마움의 역설'이라고 부릅니다.

우리는 세상을 세 가지 방법으로 알아차립니다. 체험은 신체 영역의 활동으로 직접 보고 듣고 만져서 확신을 가지는 암묵지입니다. 경험은 책(경서)을 공부함으로써 확증을 얻는 형식지입니다. 영험은 글과 말로 도저히 표현할 수 없는 초인지이며, 이는 지식이 아니라 지혜에 해당됩니다.

영험은 나보다 더 큰 존재를 만날 때 느낄 수 있습니다. 성인군자를 비롯하여 대자연을 접할 때 영감을 얻고 감동을 받습니다. 감동이 바로 내적 동기유발이며 자율적으로 행동하게 만드는 원동력입니다.

어린아이 입장에서는 부모님을 대할 때도 이와 같은 큰 존재의 느낌을 받을 것입니다. 하늘에 계시든, 친부모님이든, 또는 부모님 같은 선생님이든 그들에게 관리와 지시를 받는가, 아니면 관심과 지지를 받는가에 따라 아이의 기본 정서 상태가 달라집니다.

관리와 지시는 무시하는 마음이고, 관심과 지지는 사랑하는 마음입니다. 미움을 받으면 피해망상에 패배주의적 사고방식이 생겨날 것이고, 사랑을 받으면 행복하고 성공하는 삶의 방식을 터득할 것입니다. 미움에서 악함이 나오고, 사랑에서 선함이 나옵니다.

저는 선함의 핵심은 고마움이라고 믿습니다. 고마움은 가치의 발견입니다. 처음에는 어느 무엇 때문에 고마워하다가 존재 자체가 고맙게 느껴지고, 그 상태가 지속되면 어느덧 내 마음에 고마움이 가득 찹니다.

예를 들어, 따뜻한 밥상을 차려주신 부모님이 고맙습니다. 헤아려 보니 밥상을 2만 번이나 차려주셨습니다. 또한 보살펴주시고 등록금도 주셨습니다. 이 하나하나에 대해 고마움을 곱씹다보면 어느새 부모님이라는 존재 자체가 고맙게 다가옵니다.

깨닫고 보니 동생도 고맙고, 친구도 고맙고, 이웃도 고맙고, 선생님도 고맙습니다. 비가 내려도 고맙고, 시원한 바람이 불어도 고맙습니다. 이렇게 감사함을 두루 느낄 때 어느새 내 마음이 고마움으로 충만해집니다.

매일 스마트폰을 전기로 충전하듯이 우리 정신력도 매일 고마움으로 충전해야 합니다.

저는 알아차려 봅니다. 교직 생활을 할 수 있는 게 고맙습니다. 방학이 있어서 고맙고, 연금이 있어서 고맙고, 아직 저를 필요로 하는 학생이 있어서 고맙습니다. 우리나라 교사가 세상 드물게 우수한 인재집단이라는 사실이 고맙고, 학부모의 교육열이 고맙고, 교육에 대한 전 국민적 관심이 고맙습니다.

저는 하루하루 정신없이 보내지 않고 좀더 정신 차리고자 합니다. 쓸데없는 일에 정신 팔지 않고 소중한 데 정신을 집중하고자 합니다. 특히 소중한 사람에게 늦기 전에 고맙다고 말하며 좀더 배려하고 기여하는 삶을 살고자 합니다.

　교사가 먼저 정신세계를 강건하게 만들려고 노력합니다. 그러면 아이들도 정신 차리고 고마움으로 충만해지는 길로 인도할 수 있다고 믿습니다.

'행복일기' 하루 3분의 효과

다행스럽게 우리나라에 감사일기 쓰기와 감사편지 쓰기 캠페인이 상당히 확산되고 있습니다. 아주 바람직한 현상입니다. 저도 이 캠페인에 동참한 적이 있습니다. 그래서 초중고 학생들이 쓴 감사편지 수천 통을 직접 읽어본 적이 있습니다. 감사함을 표현하는 방식이 참 다양하고 표현력에 편차가 크다는 점을 알게 되었습니다.

"선생님께서 이것저것을 해주셨기 때문에 고마웠습니다."
"엄마가 이랬기 때문에 고마웠습니다."
학생들이 무엇이 고마운지 알아차리고 있습니다. 그러나 이것은 첫 단계에 불과합니다. 고마움이 그저 생각 차원에 머물고 있습니다.
"아빠가 이렇게 해주셔서 너무 기뻤어요."

"날 도와주는 친구가 있어서 참 든든해요."

이젠 감정이 동반됩니다. 알아차림에 마음이 더해지고 있습니다.

"어머니, 고맙습니다."

"선생님, 고맙습니다."

이젠 어머니의 존재를 고맙게 만나고 있습니다. 선생님의 어느 행동만 알아차리는 게 아니라 그런 선생님이라는 존재를 만나고 있습니다. 눈가가 촉촉해집니다.

우리는 고마움을 만날 때 흔히 눈물이 납니다. 눈물은 슬플 때만이 아니라 기쁠 때도, 아름다움을 만날 때도 납니다. 신성함을 만날 때, 뭔가 크게 다가오는데, 표현하기에는 너무 벅찬 감정이라서 말하지 못하는 아기처럼 울기도 하지요.

생각으로만 고맙다고 여길 때와 차원이 다른 경험입니다. 그래서 이왕 학생들이 감사일기나 감사편지를 쓰게 한다면 먼저 행복일기를 하루에 3분씩 쓰게 해서 마음과 정신을 훈련시키는 게 좋습니다.

최성애 박사가 개발한 행복일기는 여섯 항목에 대해 각 한 줄 정도 간단하게 쓰는 일기입니다.

- 오늘 내가 느낀 감정

- 오늘 좋았던 것

- 오늘 다행인 것

_____

- 나의 장점

_____

- 오늘 고마운 것

_____

- 오늘 내가 기여한 것

_____

여섯 가지를 차례대로 적어봅니다. 무엇이 좋고, 나쁘지만 다행인 것을 알아차리고, 자신의 존재와 상태를 알아차리고, 다른 존재의 소중함을 알아차리고, 그래서 두루 나누고 베푸는 어른스러운 존재로 살아가는 훈련을 매일 3분간 하는 게 행복일기입니다.

제가 운영하는 HD행복연구소에서 공부하는 모든 수강생은 행복일기를 씁니다. 최성애 박사가 운영하는 HD가족클리닉에 상담 받으러 오는 분들 역시 행복일기를 씁니다.

행복일기를 3주 정도 꾸준히 쓰면 자신에게 변화가 생긴다는 것을 느끼게 됩니다. 100일 꾸준히 쓰면 나에게 변화가 생겼다는 것을 남들이 느낍니다.

하루에 3분. '고작 이게 다야?' 생각할 수 있습니다. 그러나 그 3분의 효과는 엄청납니다.

아쉽게도 많은 사람이 이 간단한 일을 하지 않습니다. 그리고 힘들어하고, 괴로워하고, 우울하다고 합니다. 근데 우리가 아무리 단 음식을 먹고 치아에 안 좋은 행동을 하더라도 매일 3분씩 양치질해서 치아 건강을 챙길 수 있듯이, 우리의 삶이 많은 스트레스를 맞닥뜨려도 매일 3분씩 행복일기를 쓰면 정신건강도 지켜낼 수 있습니다.

양치질 3분은 어릴 때부터 훈련해서 습관이 되어 있기 때문에 어른이 되어서도 매일 합니다. 정신건강도 똑같습니다.

아, 한 가지 다른 점이 있습니다. 평생 해야 하는 양치질과 달리 행복일기는 100일만 성실히 쓰면 효과가 평생 갑니다.

6장

마음지능 높이기

마음건강이 중요해진 시대입니다. 그래서인지 마음건강을 위한 프로그램들이 우후죽순으로 생기고 있습니다. 자세히 들여다보면 앞서 정신건강을 위한 방법들이 슬쩍 단어 하나 바꿔서 마음건강을 위한 방법이라고 둔갑되어 있습니다. 사람들이 마음과 정신을 제대로 구분하지 못하는 틈을 이용하는 게지요.

흔히 외국에서 개발된 'mind' 관련 프로그램을 수입하면서 '마음'을 위한 프로그램이라고 번역한 경우를 볼 수 있습니다. 그러나 'mind'는 '마음'이 아닙니다. 흔한 영어 표현으로 "Are you out of mind?"는 "정신 나갔어?", "Be mindful!"은 "정신 차려!", "Where is your mind?"는 "정신 나갔냐?"입니다. 'mind'는 보통 정신을 뜻합니다.

물론 '마음'이란 뜻으로 쓰일 때도 있습니다. "You are in my mind."는 "넌 내 마음속에 있어", "I changed my mind."는 "내 마음 바꿨어"입니다. 하지만 더 흔히 마음을 하트(heart, 심장)로 표현합니다. 그런데도 서양 논문에 나오는 'mind'를 거의 일률적으로 마음으로 번역하는 바람에 개념들이 혼탁해졌습니다. 서양 심리학 연구에 기반을 둔 현대 심리학 교과서와 인터넷에 나오는 마음에 대한 설명은 일단 의심해야 합니다. 좋은 예를 들어보겠습니다.

"학생이 성공하기 위해 어떤 능력이 필요한가?" 물어보면 챗봇이 자신 있게 말해 주고 있습니다. "정서지능(EQ)은 학교, 직장, 사회생활 등 모든 분야에서 성공하기 위해 필요한 능력"이며, "행복한 아이가 지닌 지능은 일반적으로 IQ 테스트에서 측정되는 지능과는 다르다" 하고, "행복한 아이는 정서지능을 지니고 있다"고 합니다.

그러나 아직 챗봇이 모르는 사항이 있습니다. 행복한 아이는 EQ와 IQ 둘 다 필요하며, 이 둘이 서로 연결되어 조화를 이루어내야 합니다. 이성(IQ)과 감성(EQ)이 서로 연결되어, 논리와 심리가 합쳐져서, 아이가 합리적으로 사려 깊게 행동해야 성공하기 때문입니다.

저는 IQ와 EQ가 연결된 능력을 '마음지능(MQ)'이라고 부릅니다. 하지만 챗봇이 의존하는 빅데이터(90퍼센트가 영어 문서)에는 한국어 '마음'이란 단어와 동일한 개념이 존재하지 않기 때문에 '마음지능'이란 개념을 사용하지 못하는 것입니다.

마음지능은 생각을 다스리는 논리와 감정을 다스리는 심리가 연결된 마음 상태에서 나오는 능력입니다. 우리가 접하는 수많은 생각(정보와 사건) 중에 무엇을 기억해 둘까를 결정하는 판단 기준이 바로 감정입니다. 구구단 같은 무미건조한 내용은 수백 번 반복해야만 간신히 머리에 기억되는 반면 강한 감정을 유발하는 내용은 자동으로 마음에 기억됩니다.

아마 그래서 공자님도 『논어』의 첫마디를 '학이시습지 불역열호아(學而時習之不亦說乎兒)'라고 학습의 즐거움을 피력했나 봅니다. 학생의 마음을 열게 하고 학생의 마음을 움직이게 하는 교육이 최고입니다.

그렇다고 우리가 아이들에게 공부가 쉽고 재미있도록 만들어주어야 한다는 뜻이 아닙니다. 우리는 교육자이지 엔터테이너가 아니기도 하고, 그렇게 되어서도 안 됩니다.

남이 재미있게 해주어서 느껴지는 즐거움과 내면에서 우러나오는 즐거움은 전혀 다릅니다. 공부는 어차피 어렵고 힘듭니다. 하지만 공부가 아무리 힘들고 어려워도 성장에 도움이 되면 하루하루가 뿌듯하고 즐겁습니다. 즐거움의 원천이 성장이어야 합니다.

아이들에게 강조해야 하는 개념은 성공이 아니라 성장입니다.

이제 우리는 성장을 위한 교육을 해야 합니다. 성장이란 어제와 다른 오늘을 살아가게 하고, 오늘보다 더 나은 내일을 만나게 하는 창의적이고 즐거운 과정입니다. 이를 통해 학생들의 마음지능을 높여줄 수 있습니다. 이것이 바로 아이들의 마음건강을 지키기 위한 최고의 방법입니다.

행복을 위한 교육이 아니라 행복한 교육이어야 합니다.
행복한 교육이 바로 성공적인 삶을 위한 교육입니다.

격한 감정이 일어날 때 살펴볼 것들

마음이 괴로울 때 흔히 "마음을 비워라"고 조언해 줍니다. 그러나 마음을 어떻게 비울까요?

"마음을 단단히 먹어라" "마음을 좋게 지녀라"라는 조언도 종종 듣습니다. 그러나 무슨 마음을 어떻게 먹어야 되는지, 어떻게 지녀야 하는지 알려주지 않습니다.

"마음껏 살아라." 아니, 내 마음대로 되는 게 아무것도 없는데 어떻게 마음껏 살란 말입니까. 모순이 아닌가요?

괴로운 마음을 위로해 주고 지지해 준다고 이런 '아무 말 잔치'가 종종 벌어지고 있습니다. 마음이 힘들 땐 생각이 잘 안 되니 이런 모순이 보이지 않습니다. 그래서 달콤한 말장난에 기분이 좋아집니다. 하지만 그 순간뿐이잖아요. 그 사이에 현실이 달라지지 않고, 내가 달라지지도 않고, 단지 말장수의 지갑만 두둑해졌겠지요.

앞서 정신건강에 대한 이야기를 정신에 대한 지식을 업그레이드한 후에 시작했듯이, 마음건강에 대한 이야기 역시 마음에 대한 지식을 정리한 후에야 할 수 있습니다.

먼저 2014년도에 개최된 세계 심뇌과학 학술대회(international conference on neurocardiology)를 언급하고 싶습니다. 뇌는 머리에만 있지 않습니다. 심장에도 있습니다. 머리에 있는 뇌를 '두뇌'라고 하고, 심장에 있는 뇌를 '심뇌'라 부릅니다. 두뇌는 당연히 생각을 관장하지요. 심뇌는 감정을 관장합니다. 내외부 자극으로 발생되는 신경전달물질과 호르몬 시그널이 총집결하는 곳이 심장이어서 오감의 본고지라고도 볼 수 있습니다.

두뇌와 심뇌가 독립적으로 존재하지만 서로 밀접하게 연결되어 소통하고 있습니다. 이 연결된 상태가 마음입니다.

마음은 생각과 감정이 연결되어 존재합니다. 실제로 우리가 사용하는 감정 단어는 감정만이 아니라 생각이 포함된 '마음 단어'입니다.

예를 들어, 죄책감, 열등감, 정의감, 고독감, 질투심, 수치심, 허영심 등은 생각이 동반되지 않으면 느껴지지 않는 감정이지요. '죄'라는 개념이 없으면 죄책감이 생기지 않습니다. 남을 의식하지 못하고 우열을 따지지 못하면 열등감이 생기지 않습니다. 옳고 그름에 대한 인식이 부족하면 수치심이 발생되지 않습니다. 이렇듯 감정과 생각이 뗄 수 없이 얽혀서 연결되어 있습니다.

감정과 마음은 서로 복잡하게 연관되어 있으니 각 개념을 따로 좀더 확실하게 이해해 봅시다.

첫째, 우리는 오관을 통해서 외부 세상을 만납니다. 즉, 눈, 코, 입, 혀, 피부를 통해서 외부 자극이 들어옵니다. 이 자극이 오감을 일으킵니다. 오감은 반사 반응이고 감각이 되어 우리가 알아차리게 되는 데 걸리는 시간이 0.2초 정도입니다. 이런 과정에서 우리가 반사적으로 느끼는 감정은 놀람(공포와 분노), 불쾌함(혐오), 좋음(기쁨), 슬픔 등 몇 가지 되지 않습니다.

다윈은 이러한 감정이 인류보편적으로 표정으로 나타난다는 사실을 발견했습니다. 놀랍게도 조선성리학의 사단칠정(四端七情)에 명시된 일곱 가지 감정, 희(喜)·노(怒)·애(哀)·구(懼)·애(愛)·오(惡)·욕(欲)과 상당히 일치합니다.

둘째, 반사적 반응은 휘발성이 강해서 자극이 사라지면 곧바로 따라 사라집니다. 하지만 큰 자극으로 인해서 큰 감정이 발생했다면 우리는 기억해 둘 가치가 있다고 판단하고 무의식적으로 그 감정을 유발한 자극에 대한 정보와 함께 묶어서 마음에 저장해 둡니다. 물론 무의식적으로 진행되는 과정입니다. 저는 이 저장된 감정과 생각 연결체를 '마음'이라고 부릅니다.

셋째, 우리는 살아오면서 수백, 수천 개의 좋은 추억과 나쁜 트라우마가 깡그리 다 마음속에 저장되어 뒤섞여 있습니다. 그래서 사실 우리는 자신의 마음속에 어떤 마음씨들이 들어있는지 알기 어렵습니다. 특히 언어(생각)가 발달되기 전의 아주 어릴 때 체험도 다 마음속에 저장되어 있는데, 의식하지 못할 뿐입니다. 그러나 의식하지 못한다고 없는 것은 아니지요. 비유를 들자면, 내가 옷을 옷장에 넣어두었는데 어디 있는지 기억나지 않는다고 옷이 없는 게 아니잖아요.

넷째, 외부 자극을 받으면 반사적 감정이 이미 마음속에 들어있는 어떤 감정을 촉발할 수 있습니다. 예를 들면, 아이가 바로 옆에서 물을 엎질렀습니다. 난 약간 놀랐습니다만 내 입에서 "너, 또 그런다. 넌 도대체 왜 그리 조심성이 없어!" 하면서 화를 불쑥 내고 크게 야단칩니다. 이상하지요. 물을 엎질렀다고 누가 다친 것도 아닌데 어째서 그 상황에 비례하지 않는 큰 부정적 감정이 나올까요. 내가 약간 놀란 것은 그 아이 때문인 게 확실하지만 내가 뿜어내는 강한 분노는 아이의 행동 때문이 아닌 것도 확실합니다.

지금 이 순간에 벌어진 일(자극)에 내가 약간 놀람으로 반사반응 하는 동시에 전에 있었던 유사한 기억들이 곧바로 소환된 것입니다. 내가 격하게 화를 내며 아이를 야단치는 행동은 이미 내 마음속에 저장된 감정(마음)들이 촉발되어 튀어나오는 것입니다.

어떨 때는 지금 이 상황과 아이와 전혀 관계없는, 20년 전에 내가 어렸을 때 누군가에게 억울하게 야단맞았던 기억(저장된 감정)이 현재 상황과 엮여서 한꺼번에 터져 나오는 경우도 있습니다. 흔히 부부싸움 때 이런 현상이 두드러지게 나타납니다. 방금 벌어진 아주 사소한 일 때문에 기분이 상했는데 다투다보면 어제 일, 일주일 전 일, 일 년 전 일, 심지어는 10년 전 일까지, 그리고 전혀 상관없는 부모 형제 일까지 들먹이면서 싸움이 더 격해지고, 서로 마음이 뒤집어지고, 화해가 불가능한 상태로 치닫습니다.

그래서 우리는 격한 감정을 보일 때 조심해야 합니다. 과연 이 상황 때문인가, 상대방 때문인가, 아니면 이 상황이나 상대방과 무관하고 전적으로 내 마음의 문제인가. 성찰하고 또 성찰해야 합니다.

내가 과거에 저장된 마음에 휘둘리지 않으려면 '지금-여기 (here and now)'에 머물러야 합니다.

어떤 감정과 마음이 밀려올 때 심호흡하든, 기도하든, 명상하든, 밖에 나가서 뛰든, 웃기는 SNS 영상을 보면서 슬며시 미소 짓든, 각자가 선호하는 방법 두어 개를 실천하세요. 물질에 의존하는 방식은 중독의 위험이 있으니 피해야 합니다.

마음을 다스리는 법

반사적 감정은 자극에 따른 자연스러운 반응입니다. 참는다고 참아지는 게 아닙니다. '참는다' 함은 감정이 행동으로 이어지지 않도록 하는 절제입니다. 예의 있는 사람은 예절을 지키고 절제하고 자제합니다. 성숙한 사람은 부정적 자극(스트레스)을 받아서 부정적 감정이 생기는 건 어쩔 수 없지만 부정적 행동으로 이어지지 않게 합니다.

내색하지 않는 것도 절제력입니다. 감정에 따라 얼굴의 미세한 근육이 움직여서 표출되는 표정도 일종의 행동이니까요. 화가 나는 감정과 화를 내는 행동을 구분해야 합니다. 재미 삼아 다음 리스트를 작성해 보았습니다.

- 화가 난다고 곧바로 화를 내는 사람은 소인배
- 화가 났을 때 표정마저 참는 사람은 감정노동자
- 화가 나야 하는데 무덤덤한 사람은 문제아
- 화가 나더라도 담담할 수 있는 사람이 성숙한 자

문제는 부정적 감정이 저장된 경우입니다. 마음은 버리거나 지워버릴 수 없습니다. 감정은 참는다고 사라지는 게 아니라 그냥 압축됩니다. 그러다가 어느 순간 한꺼번에 터져 나옵니다.

직장에서 받은 스트레스를 집에서 만만한 배우자나 자녀에게 푸는 경우와 반대로 집에서 쌓인 스트레스를 직장에서 애꿎은 부하 직원에게 푸는 경우가 있습니다. 둘 다 강자 앞에서는 감히 터트리지 못하다가 약자 앞에서 터트리는 비겁하고 비열한 습관이라고 볼 수 있습니다. 욱하거나, 버럭하거나, 발끈하는 건 성격이 아니라 습관이기 때문에 바꿀 수 있고, 꼭 고쳐야 합니다.

우리도 스스로 마음을 다스리고 아이에게도 마음을 다스리는 기술을 가르쳐주어야 합니다. 긍정심리학 연구로 밝혀진 마음 다스리는 기술은 의외로 간단합니다. 먼저 마음의 특징 몇 가지를 알면 더 쉽게 이해할 수 있습니다.

만약에 우리가 살아오면서 절반이 좋은 날이고 절반이 스트레스 가득한 날이었다면 우리 마음속에 부정과 긍정이 반반씩 들어 있어야겠지요. 그럼에도 불구하고……

① 우리는 평소 부정적 마음에 치우쳐 있다

부정이 4배나 더 많다고 여깁니다. 이 현상을 '부정성 편향'이라고 합니다. 긍정 요소는 위험하지 않으니 신경을 쓰지 않고 부정 요소에 자꾸 집중합니다. 정상적인 현상이지만 마음은 괴롭습니다.

② 무상무념은 성인이나 도사라야 가능하다

인간은 상념(마음)을 없앨 수 없습니다. 그래서 명상이나 묵상을 시도합니다. 그런데 명상(瞑想)에 쓰인 단어는 밝을 명(明)이 아니라 어두울 명(冥) 자, 묵상(默想)에는 검을 흑(黑) 자가 포함된 묵(默) 자입니다. 둘 다 상념을 어둡게 만들어서 마치 없는 것처럼 보이게 하는 기술일 뿐입니다.

③ 호상호념하라

우리는 어차피 생각을 많이 하고 잘하는 존재이니 굳이 머리를 비우고 마음을 비우려고 하는 대신 좋은 생각과 좋은 마음을 먹는 게 효과적입니다. 즉 호상호념(好想好念)하는 것입니다.

긍정심리학 연구에 의하면 행복한 사람들은 부정 대 긍정 비율이 1 대 3을 유지하고 있다고 합니다. 이 연구는 희망을 줍니다. 부정이 0이 되어야 하는 건 아니라는 사실입니다. 부정적 경험이 없어야 행복해진다는 게 아니라 긍정 요소가 좀더 많이 축적되면 된다는 의미입니다. 100배, 10배도 아니고 3배 정도라면 해볼 만합니다.

④ 부정성 배제가 아니라 긍정성이 지배하도록 하라

마치 우리가 사진 앨범에 좋아하는 사진을 담아두고 틈틈이 꺼내 보며 행복해 하듯이 우리 마음속 앨범에도 좋은 추억과 꿈과 비전을 사진처럼 간직하고 힘들 때마다 떠올릴 수 있습니다. 내 마음속에 어떤 사진을 간직하고 꺼내 볼 것인가는 내가 선택할 수 있습니다.

그와 반대의 상황을 상상해 보세요. 만일 옆에 있는 사람이 자신이 가장 미워하는 사람의 사진, 가장 창피한 순간을 담은 사진, 사고 현장 사진을 앨범에 담아두고 매일 꺼내 보면서 원망하고 한탄하고 괴로워하고 있다면 쓸데없는 일이라 할 것 같습니다. 그런데 우리 모두 마음의 앨범을 보면서 바로 이처럼 어리석은 행동을 하고 있습니다.

좋은 마음먹기는 타인의 단점이 보일 때 장점도 함께 보고, 상황이 나쁠 때는 다행인 점도 보는 것입니다. 내가 만들고 싶은 미래의 꿈도 품어보고 비전도 갖는 것이지요.

아무리 내가 힘들게 살아왔어도 오늘부터 매일매일 좋은 추억거리를 만들 수 있습니다. 오늘부터 꿈을 가질 수가 있습니다.

> 비록 마음에 상처가 많아도 오늘부터 새로운 마음을 가꾸어 나갈 수 있습니다. 좋은 추억거리를 꾸준히 자주 조금씩 담아두면 내 안에 긍정적 마음씨들이 쌓입니다.

또한 마음먹기를 아이 스스로 할 수 있도록 가르쳐주세요.

- 좋은 추억거리 떠올리기
- 꿈과 비전 지니기
- 나의 장점 발견하기

감정 상처를 응급처치할 감정양호실

 학교에 마음을 다치거나 마음이 상해서 힘들어하는 아이들이 많습니다. 이런 아이들을 위해서 '감정양호실'을 제안합니다. 학교에서 아이들이 다치거나 상처받을 때, 두 가지 시나리오를 떠올려볼 수 있습니다.
 첫 번째 시나리오는 학교 운동장에서 축구를 하던 아이가 넘어져 무릎이 까진 경우입니다. 다행스럽게 뼈가 부러지지는 않았지만 무릎에 피가 흐릅니다. 친구들은 넘어진 아이를 구박합니다. 수비하다 넘어진 탓에 한 골 먹었다면서요. 코치는 아이에게 빨리 일어나라고 재촉합니다. "피 조금 났다고 사람 죽지 않는다"면서요.
 만일 우리가 이 운동장 시나리오를 직접 목격한다면 한탄할 것입니다. 아니, 아이가 피가 날 정도로 다쳤으면 빨리 응급조치를 해야지, 어떻게 구박하고 재촉하느냐고 말입니다. 다행스럽게 학교에는 보건실이 있어서 학생이 다치면 의료진이 재빨리 응급처치를 해줍니다. 최소한 다친 부위를 소독해서 덧나지 않도록 하고, 밴드를 붙여주어서 딱지가 생길 때까지 보호해 줍니다. 이게 정상적인 학교의 모습이지요.

두 번째 시나리오를 떠올려보지요. 교실에서 아이가 친구와 말다툼하다 속상해서 울어버린 경우입니다. 하늘이 무너진 듯 통곡하는 수준은 아니지만 눈에 눈물이 흐릅니다. 다른 친구들은 헤죽헤죽 웃으며 우는 아이를 은근슬쩍 놀립니다. 선생님은 아이에게 "같이 놀다가 기분 상할 때도 있는 법이니 그만 울라"고 합니다.

이런 광경은 흔하게 볼 수 있습니다. 그나마 신체에 난 상처는 응급처치를 하는 시스템이 되어있지만, 마음에 난 상처에 대한 응급처치는 제대로 이뤄지지 못하고 있습니다. 눈에 보이는 몸 상처만 챙기고 눈에 보이지 않는 마음 상처에 대해서는 대수롭지 않게 여기는 것은 아이들의 정서적인 면을 무시하는 일입니다. 적어도 감정밴드를 붙여주어서 상처가 아물 때까지 마음을 보호해 주어야지요.

학교에 보건실(양호실)이 있듯이 감정양호실도 있어야 합니다. 그래서 마음에 상처가 나면 최소한 감정 응급처치를 해서 우울증이나 분노장애로 이어지지 않도록 예방해야 합니다.

물론 학교에 이미 상담실이 있습니다. 심리상담 전문가가 배치되어 학생들의 생활지도와 문제해결을 위한 상담을 합니다. 그러니 굳이 감정양호실이 별도로 필요한가 싶겠지요. 그러나 현재 상담실은 세 가지 문제를 안고 있기에 추가 조치가 필요합니다.

첫째는 아직 모든 학교에 상담실이 마련된 건 아니라는 사실입니다. 학교 셋 중 두 곳에는 상담교사가 없습니다. 아마 예산 문제와 전문인력 양성에 한계가 있기 때문일 것입니다. 언젠가는 해결될 문제겠지만 상당한 시간이 걸릴 것입니다. 돈이 필요한 곳은 넘쳐나고 전문인력은 빨리 양성되지 않기 때문입니다.

더 큰 문제는 상담실이 소위 문제학생이 불려가는 곳으로 인식된다는 사실입니다. 물론 학생들은 상담에 대한 부정적 선입견이 별로 없지만, 학부모는 좋지 않은 기억을 지니고 있습니다. 학부모가 학생이었던 시절에 상담을 받는 경우는 문제행동 때문에 교무실로 불려가거나 방과 후에 따로 남아서 선생님에게 야단맞는 일이었으니까요. 그러니 학부모는 오늘날의 상담실을 옛 기억에 비추어 받아들입니다.

'학생인권조례'가 제정된 지 약 10년이 되었습니다. 위센터와 위클래스를 비롯하여 학교에 상담실이 설치된 시점과 비슷합니다. 그러니 문제학생을 대하는 기본 방법이 체벌에서 치유로 옮겨진 지 겨우 10여 년 된 셈입니다. 따라서 상담에 대한 부정적 인식이 개선될 때까지는 상당한 시간이 더 필요할 것입니다.

그러나 세 번째가 가장 큰 문제입니다. 교육부는 상담실을 "학생의 개인적 위기(범죄, 가출, 성, 폭력 등), 가정적 위기(빈곤, 부모의 이혼, 다문화가정 등), 교육적 위기(학습부진, 학업중단 등) 등 다양한 위기 상황에 놓인 학생을 대상으로 '진단-상담-치유' 지원을 위한 곳"이라고 말합니다. 하지만 이런 '위기' 문제는 상담실에서 해결될 수 있는 문제가 아니지요. 학생이 자발적으로 잘 오지도 않습니다. 오히려 가벼운 마음의 상처를 입은 아이들이 상담실에 진을 치는 바람에 실제로 심리상담을 받아야 하는 위기의 아이들이 충분한 돌봄을 받지 못하는 경우도 흔합니다.

그래서 저는 학교에 보건실(양호실)이 있듯이 감정양호실도 있어야 한다고 말합니다. 마음에 상처가 나면 최소한 감정응급처치를 해야 하는 것이지요. 보건실은 학교 구성원 모두가 활용하듯이 감정양호실도 학생만이 아니라 선생님과 교직원도 찾아가는 곳이어야 합니다. 특히 부모가 학생이었을 때 보건실을 양호실로 불렀고 상처를 치료받았던 기억이 있어서 그 후광의 혜택을 받을 수 있습니다.

학생 수가 급격히 주는 상황에서 교실 하나를 감정양호실로 개조하는 것도 방법입니다. 보건실, 상담실과 연계해서 활용할 수도 있습니다. 몸과 마음은 연결되어 있으니 보건실과 통합해서 운영할 수도 있습니다. 심지어 마음의 양식을 채워준다는 도서관도 함께 운영할 수도 있습니다. 특히 AI 발전으로 정보·지식에 대한 개념이 바뀌는 때에 도서관이 파격적으로 변신해야 할 시점이 아닙니까.

어차피 학교에 상담실도 도서관도 필요한 전문인력을 다 갖추지 못했습니다. 저는 전문상담교사, 보건교사, 사서선생님이 각자 흩어져서 외롭게 일하기보다는 감정양호사와 함께 협력하는 모습을 상상합니다. 각자가 맡은 업무 외에 추가 일을 하는 게 아니라 이미 맡은 일을 어울려 수행할 때 학생과 상호작용하는 방식으로 감정양호를 도입하는 것입니다.

저는 교직원이 함께 학생의 몸·마음·정신 건강을 지키는 수호자로 힘을 합치면 상당한 시너지 효과를 낼 것이라 믿습니다. 그래서 감정양호실, 보건실, 상담실, 도서관이 학교 구석진 곳에 각각 흩어져 있는 게 아니라 복합센터로 교정 중심에 자리 잡은 학교를 상상해 봅니다. 이렇게 되면 좋은 이유가 있습니다. 감정양호는 학생의 정서지능 계발에도 중요하다는 사실입니다.

감정양호의 핵심은 아이가 스스로 자신의 감정을 알아차리고, 이해하고, 관리하고 활용할 수 있도록 돕는 것입니다. 이 네 가지 역량이 바로 정서지능의 핵심과 똑같습니다. 그러니 감정양호는 아이의 정서지능 계발과 직결됩니다.

학교는 아이가 성공하고 행복할 수 있는 역량을 키워주는 곳이 아니던가요. 이제 학교는 타고나는 요소인 인지지능이 아니라 교육으로 계발되는 정서지능에 집중해야 합니다.

학교가 더 이상 '문제학생'이 아니라 '학생의 문제'를 해결해 주는 곳이 되어야 합니다.

모두가 배워야 할 감정응급처치법

 다행스럽게 감정양호를 위한 감정응급처치법(emotional first aid)은 비교적 짧은 교육 시간으로도 능력을 갖출 수 있습니다. 마치 시민 모두가 심폐소생술을 비롯한 응급처치법을 배우면 좋듯이, 감정응급처치법(감정양호) 또한 학교 교직원 모두가 배우면 좋은 기술입니다.
 우리는 다리가 부러지거나 피가 날 때 곧바로 실시하는 응급처치법을 배웠습니다. 예를 들어, 팔에 출혈이 심하면 피가 흐르지 않도록 상처 부위를 지혈하고 심장 위로 올립니다. 골절인 경우에는 상처 부위가 움직이지 않도록 지지대에 고정시키고, 감염을 막기 위해 상처 부위를 소독하도록 배웠습니다.
 매우 간단한 조치입니다. 물론 이 정도 조치로 상처가 금방 낫는 것은 아니지만, 일단 응급처치를 해야 나중에 전문의료진의 치료가 수월해집니다. 어떤 경우에는 응급처치 유무에 따라 생사가 갈리기도 합니다.

요즘은 신체적 상처만큼 왕따 같은 심리적 상처가 사람을 죽음으로 몰고 가는 세상입니다. 예측불허하고 변화무쌍한 세상에서 무기력감과 절망감이라는 극심한 스트레스가 항상 우리의 마음건강을 노리고 있습니다.

특히나 트라우마로 인한 정신적 고통이 심각하고 경제손실이 천문학적 액수인데도 우리는 심리적 상처에 어떻게 대처해야 하는지 전혀 배우지 않고 있습니다. 물론 심한 트라우마의 경우에는 전문가의 도움을 받아야 하지만 전문가의 개입이 쉽지 않은 것이 우리의 현실이기도 합니다. 그래서 이제 우리 모두 간단하게 시행할 수 있는 감정응급처치법을 배워서 아이들을 보호하고 돌봐야겠습니다.

2006년도에 미국 트라우마센터와 미국 심리학회, 국제적십자협회가 공동으로 심리응급처치법(psychological first aid)을 개발했고, 2011년도부터 세계보건기구(WHO)가 공식 프로그램으로 채택했습니다. HD행복연구소는 '감정골절' '감정출혈' '감정감염' 등 독자적으로 개발한 진단법과 처방전으로 이루어진 감정응급처치법을 2014년 4월부터 배포하기 시작했습니다.

감정골절이라 분노, 공포, 혐오감 등 감정 상태가 갑작스럽게 부정적으로 변하는 경우를 뜻합니다. 신경이 곤두서거나 날카로워지며, 온몸이 마비된 듯 경직되거나 덜덜 떨리게 됩니다. 그래서 심신이 몹시 지치게 되고 심지어 아프기도 합니다.

감정출혈은 외로움, 우울함, 절망감 등 흔히 자신도 모르는 사이에 삶의 에너지가 서서히 빠져나가는 경우입니다. 사소한 출혈이라도 오랫동안 지속되면 목숨이 위태로워지듯이 우울증 같은 감정출혈을 방치해 두면 자살과 같은 극단적인 선택으로 이어지기도 합니다.

감정감염은 우울증에 시달리는 사람 옆에 오래 있으면 주변 사람마저 우울해지는 경우를 뜻합니다.

감정응급처치법은 이러한 유해한 상황에서 자기 스스로 건강을 회복하거나 타인에게 도움을 주는 방법들입니다. 스트레스 상황에서 에너지 고갈을 막고 몸과 마음에 미치는 악영향을 예방하기 위해 심적 회복탄력성을 증진시키는 응급조치입니다.

감정응급처치법은 단 몇 시간의 기본 교육과 훈련으로도 쉽게 배울 수 있고, 평상시 꾸준히 연마해 두면 응급 시 당황하거나 망설이지 않고 시행할 수 있습니다.

감정응급처치법의 핵심 세 가지를 간략하게 소개합니다.

① 안전함을 확보한다

만약에 학생들이 싸웠다면 혹시 신체적으로 다친 데가 없는지 살펴보는 게 최우선입니다. 또한 위험한 곳이라면 아이들을 그곳에서 벗어나도록 돕는 일이 가장 먼저 취해야 할 행동입니다.

② **안정감을 확보한다**

아이가 정서적으로 불안하거나 무서워하거나 슬퍼할 경우에 안정을 취하게 도와주어야 합니다. 심호흡을 유도하고, 만약에 충분하지 않으면 '그라운딩'이라는 기술을 사용해야 합니다. 서서히 주변을 돌아보며 눈에 보이는 몇 가지를 말하게 하고, 귀에 들리는 것을 말하게 하고, 피부에 느껴지는 것을 말하게 합니다. 아이의 정신을 '지금-여기'에 집중시키고 정신 차리게 돕는 방법입니다.

③ **안심감을 확보한다**

학생이 심리적으로 안정된 후에는 학생 곁에 좀더 머물면서 감정에 대해서 이야기 나누고, 경청하고, 공감해 주고, 지지해 주어야 합니다. 만일 본인이 그렇게 할 수 있는 상황이 아니라면 할 수 있는 사람을 연결시켜 주어야 합니다. 안정된 사람과 연결하는 게 안심의 핵심입니다.

누구나 할 수 있는 단순한 조치이기 때문에 "과연 이 정도 가지고 무슨 도움이 될까?" 하는 의문이 생길 수 있습니다. 그러나 신체적 응급법 역시 누구나 다 할 수 있는 간단한 조치지만, 하느냐 마느냐에 따라 결과가 매우 달라집니다. 실은 응급처치법이란 무엇보다 쉽고 간단해서 누구나 시행할 수 있어야 유용합니다.

감정응급처치법은 현재 우리 아이들에게만 도움을 주는 기술이 아닙니다. 언젠가 남북이 통일될 때 트라우마 상처를 입은 수많은 북한 아동들이 쏟아져 나올 것입니다. 전문가의 도움이 필요하겠지만 전문가들에게만 맡기기엔 턱없이 부족합니다. 그들을 우리가 조금이라도 도울 수 있다면 사회 혼란과 통일 비용을 줄일 수 있을 것입니다.

또한 전쟁이나 재난으로 고통받는 지구촌 다른 나라 아동들도 보살펴줄 수 있습니다. 감정응급처치법으로 보다 안전하고 평화로운 세계를 만들어나가고, 세상 모든 어린이가 보다 안심하고 사는 세상을 상상해 봅니다.

감정코칭으로 마음의 문을 열기

앞에서 학생들의 마음건강을 위해서 학교 차원에서 할 수 있는 일을 제시했다면, 여기서는 교사와 학부모가 개인 차원에서 할 수 있는 감정코칭을 제안합니다.

감정코칭이란 대화법이고 학생지도법입니다. 이것은 학교에 다시 정붙이게 하는 최고의 방법입니다.

교실 구석에 민수가 혼자 쭈그리고 앉아 훌쩍이고 있습니다. 또 친구들로부터 놀림을 당한 모양입니다. 선생님이 이미 여러 번 봐 왔던 익숙한 모습입니다.

"도대체 왜 그래? 넌 맨날 울더라. 울보 아냐! 사내자식이 그럼 못써. 그냥 웃어넘겨!" 선생님은 민수를 위해서 한마디 합니다. 가볍게 넘기라는 조언이지만 민수는 홱 돌아서 가버립니다.

"야, 어딜 가? 선생님이 말하고 있잖아!" 선생님은 무시를 당한 것 같아 화가 울컥 올라옵니다.

무언가 어긋나버렸습니다. 또래 관계에 힘들어하는 민수를 도와주려는 선생님의 의도는 훌륭했지만 도움이 되기는커녕 되레 둘 사이의 관계마저 나빠졌습니다. 무엇이 잘못된 것일까요?

선생님의 개입 시도에 아쉬운 점을 여럿 발견할 수 있습니다.

① 감정 포착

선생님은 학생의 우는 행동만 보았지 감정은 보지 못했습니다. 놀림을 당하는 괴로움, 지속적으로 당하는 현실에 대한 슬픔과 분노, 앞으로도 계속 당할 수 있겠다는 두려움과 불안감, 아무도 도와주지 않는다는 외로움과 배신감을 모두 놓쳤습니다.

② 긍정적 만남

선생님의 첫마디는 비난과 경멸이었습니다. "왜 그래?"는 문법적으로는 단순한 의문사이지만 흔히 야단칠 때 사용하는 단어입니다. 특히 '도대체'나 '맨날'이 포함되면 비난조가 확실합니다. '울보'는 노골적인 경멸을 담고 있습니다. 비난과 경멸은 사람의 마음을 닫고 인간관계를 망가뜨리는 '독'입니다. 아무리 좋은 말이라도 마음이 닫힌 후에는 귀에 들리지 않습니다.

마음의 문을 닫는 대화 안에는 독이 들어가 있는데, 네 가지의 독이 있습니다. 비난, 경멸, 방어, 담쌓기입니다. 심리학자 존 가트맨(John Gottman) 박사는 이 네 종류의 독은 모든 인간관계를 망친다고 합니다. 그런데 많은 사람은 독인지도 모르고 말합니다.

예를 들면 "너는 맨날 지각이다. 너는 늘 지저분해." 이런 말들이 다 비난입니다. 오늘만 지각하고, 오늘만 지저분한 것이 아니라 항상 그래왔으니까 너는 인격적으로 하자가 있다는 뜻이 되기 때문에 상대방이 상처받고, 억울하고, 화가 나는 것입니다.

'야'로 시작되는 대화도 역시 경멸입니다. 본래 '야'는 "손아랫사람이나 짐승을 부를 때 쓰는 격조사"라고 사전에 명시되어 있습니다. 선생님이 손아랫사람인 학생에게 할 수도 있는 말입니다. 하지만 그 말을 듣는 학생 입장에서는 기분이 썩 좋지 않겠지요. 선생님이 교장선생님에 비해 손아랫사람임이 분명하지만 "야"라고 호명된다면 기분이 무척 나쁠 것과 마찬가지입니다.

③ 경청과 공감

선생님의 조언은 다 좋은 말씀이었습니다. 그러나 아이에게 일방적으로 지시하는 행동코칭이었습니다. "이래야 한다" 또는 "저러면 안 된다" 등의 행동을 지적하고 지시하는 방식은 이미 스트레스에 꽉 찬 아이에게 추가적으로 스트레스만 안겨줍니다. 아이의 입장에서는 선생님의 조언이 버겁고 지겨운 잔소리로 들릴 것입니다.

그럼 어떻게 해야 할까요? 가장 먼저 아이의 행동보다 감정을 먼저 포착하고 감정을 수용해야 합니다.

"민수가 많이 힘들어 보이네." 또는 "슬프구나." 이렇게 감정을 읽어주는 말들은 마법같이 사람의 마음을 누그러트립니다. 누군가가 나에게 관심을 가지고 내 아픔을 발견해 주었다는 사실만으로 위안이 됩니다. 그런 말을 해주는 사람이 고맙고 아군으로 여겨집니다.

④ 마음을 여는 대화

소통의 핵심은 경청과 공감입니다. 경청(傾聽)과 공감(共感)이란 한자에 '마음 심(心)'자가 괜히 있는 게 아닙니다. 경청은 귀로 듣는 게 아니라 마음을 열고 마음에 새겨듣는 일입니다.
"아, 친구가 놀려서 기분이 상했다고……" 아이의 말을 반복해 주십시오. 자신의 말이 제대로 전달된 것이 확인되는 순간 아이는 마음이 후련해질 것입니다. 감정 찌꺼기로 꽉 막힌 가슴이 조금은 뚫릴 것입니다.
"정말 싫었겠다." "나도 예전에 그랬었어." 공감까지 곁들여지면 감정은 풀리게 됩니다. 이제부터 이성적인 대화가 가능해집니다.

⑤ 바람직한 행동

일방적인 지시나 훈계가 아니라 "이럴 때 어떻게 하면 좋을까?" 하고 제안을 하면 좋습니다.

교사의 역할은 아이의 문제를 해결해 주는 게 아니라 아이의 문제해결능력을 키워주는 것입니다.

엄함과 억압을 구분하기

정서적으로 다가가는 감정코칭식 대화는 부드럽습니다. 그러나 부드러움을 연약함으로 오해하는 분들이 있습니다. 이는 엄함과 억압의 차이와 수용과 허용의 차이를 잘 구분하지 못해서입니다. 하나씩 비교해 보겠습니다.

"꼼짝 말고 앉아서 공부해!" 참 많이도 들어본 말입니다. 집에서 어머니들이 많이 하는 말이지요. 또한 인터넷에 "공부 잘하는 방법"을 묻는 질문에 올라온 답변이기도 합니다.

"찍소리 말고 하란 대로 해라!" 이런 말도 흔하게 들립니다. 이런 말들은 제 귀에 매우 억압적으로 들려옵니다. 하지만 정작 이런 말을 하는 사람은 본인이 "엄한 편"이라고 합니다. 과연 엄한 것과 억압적인 것이 같을까요? 아닙니다.

엄한 것은 아이나 어른이나 모두가 지켜야 하는 규칙이나 행해야 하는 행동의 규범을 알고 있는 상태에서 그 규칙과 규범을 따르도록 하는 것입니다. 아이가 허락된 테두리를 벗어나면 지적하고 책임을 추궁하는 게 엄한 것입니다. 하지만 테두리 내에서는 상당한 자율권이 보장됩니다. 그래서 엄함에는 아이를 존중해 주고 책임감과 판단력 있는 성숙한 존재로 키워주고 싶은 진정한 관심과 돌봄이 깃들어 있습니다.

반면, 억압적인 경우에는 아이가 지켜야 하는 규칙이 바로 어른들 자체입니다. 시도 때도 없이 새로운 규칙이 생겨납니다. 충분한 예고 없이 발표하고, 명쾌한 설명 없이 적용합니다. 아이는 혼란스럽습니다. 존재하는 규칙을 지키지 않아도 괜찮다가 갑자기 지적을 당하니까요. 그래서 걸리는 놈이 재수 없는 놈이고 걸릴 때는 그저 억울합니다.

어른들은 다 타당한 이유가 있으니까 규칙을 만들었고 유연하게 적용한 것이겠지요. 하지만 그 이유가 소통되지 않는다면, 그래서 아이들이 납득할 수 없다면, 아이들은 그저 어른이 시키는 대로 해야 하는 노예와 같은 존재가 됩니다. 무엇이 옳고 그른지, 적절하고 부적절한지 판단력을 연습해 볼 기회를 박탈당한 것입니다.

감정코칭식 대화의 어투는 부드럽지만 무엇이 바람직하지 않은 행동인가에 대한 한계는 엄하게 긋습니다. 다만 무엇이 바람직한 행동인가에 대해서는 스스로 알아가는 기회를 마련해줍니다. 그것이 아이를 성숙한 사람으로 성장시켜 주는 지도이며 훈육입니다.

엄함과 억압은 얼핏 보면 비슷한 면이 있습니다. 법과 규칙이 존재한다는 게 같고 제재를 가하는 일이 같습니다. 그래서 쉽게 혼동할 수 있지만 확연히 다릅니다.

엄함에는 사랑과 존중과 가르침이 있습니다. 억압에는 혐오와 멸시와 가리킴만 있습니다. 엄함은 아이를 배우게 하고 인재로 성장시키지만, 억압은 증오를 키울 뿐입니다.

엄함은 가정과 학교의 생활방식입니다. 억압은 교도소의 방식입니다. 학교와 가정은 아이에게 엄한 곳이어야지, 억압하는 곳이 되어서는 안 됩니다.

무엇을 수용하고 허용할 것인가

감정코칭의 대원칙은 "감정은 수용하되 행동을 수정하라"입니다. 감정은 모두 수용의 대상이지만, 행동은 한정적으로 허용된다는 뜻입니다. 수용은 부모와 교사가 해야 하는 것이고, 허용은 아이에게 적용되는 것입니다.

외부 자극에 찰나에 반응하는 감정을 인간이 어찌할 도리가 없어서 반응적 감정은 자연스러운 현상이라고 했습니다. 감정의 역할은 메시지입니다. 부정적 자극에 아프다, 싫다, 불쾌하다 등을 전달하는 역할을 합니다. 구어적 메시지가 아니라 비구어적 표정으로 전달됩니다.

메시지는 수신되어야 합니다. 메시지를 보냈는데 수신이 안 되면 같은 메시지를 반복해서 보내게 되고, 점점 더 강하게 보내게 됩니다. 비유를 들자면, 엄마가 아들에게 "TV 끄고 공부해"라고 말했는데 아들이 계속 TV를 본다면 엄마는 다시 말하게 되고, 목소리가 점차 더 커지고, 그래도 말을 듣지 않으면 손이 올라갑니다.

감정도 점점 커지다가 행동으로 이어집니다. 짜증났는데 아무도 알아주지 않으면 짜증을 내버리게 됩니다. 화가 났는데 무시당하면 화를 내게 됩니다.

감정이라는 메시지가 무시되면 부정적 감정이 눈덩이처럼 불어나서 격한 행동으로 이어집니다. 그러니 메시지를 수신하듯이 감정은 수용되어야 합니다.

수용의 의미는 큽니다. 선생님이 아이의 감정을 수용하면 아이의 메시지를 경청하는 것이고, 경청은 아이를 존중해 주는 것입니다. 존중받은 아이는 존중해 주는 선생님에게 고마움을 느끼고, 좋은 감정으로 답례합니다. 바로 감사하는 마음을 갖고 선생님을 존중하지요. 존중이란 존재를 소중하게 여기는 태도여서 서로에 대해 마음을 여는 상호성이 강해집니다.

감정을 수용한다고 행동을 허용하는 것은 아닙니다. 행동에는 옳고 그르고, 바람직하고 바람직하지 않은 게 있으니까요.

수용이란 나의 판단이나 평가 없이 있는 그대로 받아들이는 일을 의미합니다. 허용에는 판단과 기준과 평가가 개입됩니다.

무엇이 허용되고 무엇이 허용되지 않는지를 아이에게 전해주는 게 바로 지도입니다. 미성숙한 아이가 스스로 하지 못하는 판단을 어른이 대신 해주면서 길을 일러주는 방식입니다.

아이의 감정을 수용합시다. 그러나 아이의 행동을 다 허용하지 맙시다.

무엇을 수용할 것인가, 무엇을 허용하지 않을 것인가. 일관된 가르침은 교육자가 아이들에게 주어야 할 가장 중요한 덕목입니다.

가짜를 구분하는 진실된 사람

　　　　　마음지능이 큰 역할을 하는 분야가 바로 가짜를 분별하는 일입니다. 요즘 가짜 뉴스가 판치고 딥페이크가 사람을 홀리는 세상에 무엇이 사실이고 허구인가를 가려내는 능력이 무척 중요해졌습니다.

　바로 속임수와 농락으로부터 자신을 보호해야 하는데, 이 능력을 '미디어 리터러시(media literacy)'라고 합니다. 미디어 메시지를 비판적으로 분석하고, 평가하고, 이해하는 능력입니다. 어떤 메시지를 수용할 것인가를 판단합니다.

　저는 어릴 적에 나무 그늘 밑에서 책을 느긋하게 읽었고, 1,000페이지가 넘는 톨스토이의 장편소설『전쟁과 평화』도 읽었습니다. 글을 음미하고 사색하고 성찰하고 판단하며 읽었습니다. 장면들을 상상하고 감상하느라 페이지 한 장 넘기는 데 몇 분씩 걸렸습니다.

요즘 학생들은 읽기 대신 봅니다. 스크린에는 글보다 메시지 농도가 1,000배 더 높은 그림과 사진이 주를 이룹니다. ("그림 한 장이 천 마디 말보다 낫다"란 영어 표현이 있잖아요.) 그마저도 동영상이나 '짤'로 이루어졌으니 1,000배가 아니라 천만 배라고 해야겠지요. 그럼에도 스크린을 넘기는 손가락은 초 단위로 움직입니다.

대체 무슨 생각을 하고 보는지 알 수 없습니다. 생각이 아예 없어 보이기도 합니다. 메시지(내용물)를 접수하고 소비하면 끝인 것 같습니다. 판단과 평가는 오로지 '좋아요, 싫어요' 둘 중 하나를 선택합니다.

메시지를 누가 만들었고, 누가 보냈는가, 어떻게 나의 주의력을 끌었는가, 다른 관점이 존재하는가, 다른 사람은 어떻게 인식하는가, 메시지에 어떤 가치관이 내포되었는가, 왜 메시지를 보냈을까. 메시지를 접할 때 이러한 질문들이 동반되어야 하는데, 생각 없이 즉각 반응하고 마는 겁니다.

> 무엇이 사실이고 거짓인지 알아야 남의 조종을 받는 꼭두각시가 되지 않습니다. 깨어있어야 거짓에 조종받지 않는 자유인이 되어 민주주의를 지킬 수 있습니다.

메시지를 접할 때 생각으로만 진짜와 가짜를 구분하기 어렵습니다. '맞다, 틀리다'는 생각의 영역이지만 아쉽게도 생각은 합리화를 잘합니다. 내가 비판적으로 따진 후에 '맞고 틀림'에 대한 결론을 내리는 게 아니라, 먼저 '맞고 틀림'을 믿고 이를 뒷받침하는 논리를 세웁니다. 우리는 '합리적'과 '합리화'를 혼동하면 안 됩니다.

합리적이라는 것은 이성적이고 논리적이라는 뜻으로 흔히 이해하지요. 즉, 생각의 최고 특성을 동원하여 정보를 분석하고 평가하고 판단하는 능력을 뜻합니다. 반면, 합리화는 이미 내린 결정을 정당화하기 위해 이유를 만들고 논리를 동원하는 방식입니다. 생각의 특성을 악용하는 경우입니다. 자신을 스스로 속이는 일이라고 말할 수 있습니다.

메시지를 접할 때 감성만 개입되면 그냥 '좋아요, 싫어요'로 귀결됩니다. 그러나 외부 자극(메시지) 대신 그 메시지를 대하는 자신의 내면에 초점을 맞추면 직감을 만나게 됩니다.

"아, 이건 좀 아닌 것 같다." 이유는 모르겠는데 확신이 들지 않고, 낌새가 좋지 않고, 내 몸이 거부합니다. 이게 직감입니다.

직감은 희미합니다. 가끔 강하게 다가오는 경우도 있지만 흔히 직감은 순간적이고 흐릿하고 가물가물합니다. 그래서 우리는 직감을 무시해 버리기 쉽습니다.

그러나 직감에 귀를 기울여야 합니다. 오감은 메시지와 메신저에 좌우되지만 직감은 내면에서 무엇이 맞고 틀렸는가를 속삭여 줍니다. (흔히 하는 표현에서 "감정은 진실되다, 감정은 속이지 않는다, 감정에 충실해야 한다" 등은 감정이 아니라 직감에 국한해야 합니다.)

직감이 "아니다"라고 하면 일단 주의를 기울여야 합니다. 그리고 생각을 동원해야 합니다. 감의 집결지인 내 심장이 브레이크를 걸었는데, 그럴만한 타당한 이유가 있는지를 확인하는 작업은 머리가 해주어야 합니다.

생각과 감정이 협력해야 합니다. 이성과 감성이 합쳐져야 합니다. 논리와 심리가 합쳐진 상태가 합리적이고, 그 마음이 결정한 바에 따르는 게 합리적으로 살아가는 방식입니다.

직감은 가짜 뉴스만 감별하는 것이 아닙니다. 살다보면 긴가민가한 상황이 매우 흔합니다. 아무리 생각해도 확신이 서지 않는 경우가 많지요. 배우자를 선택할 때, 집을 사고팔 때, 진로를 고민할 때가 그렇습니다. 생각대로 했다가는 미처 알지 못하거나 잘못 알고 있는 정보 때문에 오판하게 됩니다. 반면 기분대로 했다가는 낭패하기 일쑤입니다. 기분은 사라지고 변하는 요소이니까요. 이럴 때도 직감에 의지하는 게 좋습니다.

직감을 활용하는 방법을 아이들에게도 전해주세요. 모든 아이들에게 직감이 있습니다. 단지 온갖 정보와 자극이 오감을 강하게 요동치게 만드니 직감이 잘 느껴지지 않을 뿐입니다.

오감이 시끄러운 소음이라면 직감은 정말 잔잔한 음악입니다. 소음을 꺼야 잔잔한 음악이 들립니다. 그래서 아이들이 편안하게 자기조율 상태를 유지하는 기술을 평상시 실천하도록 도와주세요. 조례 시간만이라도, 잠자기 직전만이라도 심호흡하기를 통해 평정심 기술을 연마하게 하세요.

외부 세상이 가짜인지 진실인지를 알아차리려면 내가 먼저 거짓이 없고 참된 사람이 되어야 합니다. 탁한 그릇에 물을 담그면 그 물이 깨끗한지 탁한지 알 길이 없습니다.

긍정심리학은 진실되게 살아가는 사람을 'authentic person'이라 칭합니다. 우리 학생들이 바로 그런 사람, 자신의 내면과 소통하며 진실되게 최선으로 살아가는 사람이 되면 좋겠습니다.

7장

희망을 선택하기

아무래도 요즘 아이의 미래는 둘 중 하나가 될 것 같습니다. 인공지능 챗봇을 부리며 여유롭게 살거나 인공지능 챗봇 밑에서 선택의 여지 없이 살거나. 명문대를 졸업했어도 후자로 살아갈 확률이 높은 시대가 되었습니다. 미래학자 제레미 리프킨이 20년 전부터 예고한 '노동의 종말'과 '잉여인간' 같은 무서운 말이 현실이 되기 시작한 것입니다.

참으로 다행스러운 사실은 미래에 대한 예측은 가능성과 확률일 뿐이지 확정된 건 없다는 점입니다. 그래서 우리가 어떤 미래를 맞이할 것인가에 개입할 여지가 있습니다.

개입하는 방식은 우리가 학생 시절 연습한 사지선다 방식이 아닙니다. 주어진 몇 가지 가능성 중에 정답 하나를 선택하는 게 아니라 선택지를 만드는 것입니다. 이때 필요한 역량이 선택하는 기술입니다.

예를 들어, 진로 지도는 현재 존재하는 여러 갈래 중 하나를 선택하도록 돕는 게 아니라 아이 각자가 자신의 미래를 창조하도록 돕는 일입니다. 꿈과 비전을 지니는 게 시련 앞에 흔들리지 않는 최고의 마음가짐이자 방법이기 때문입니다.

그러니 아이의 꿈을 박탈하면 안 됩니다. 꿈을 빼앗기거나 주입된 꿈은 아이들에게 악몽입니다. 악몽을 꾸는 아이들은 자기 인생에 주인으로 살아가지 못하니 결국 운에 맡기거나 점쟁이를 찾게 됩니다. 유튜브에 한국어로 '운세'를 검색하는 횟수가 최근에 두 배로 늘었다는 뉴스는 불안한 현실을 보여줌과 동시에 미래를 꿈꾸기 어려운 사람들이 많아졌다는 세태를 반영합니다.

꿈을 꾸는 아이는 훗날 꿈을 키워서 비전으로 갈아탑니다. 비전을 지닌 사람들이 바로 인재이며 리더입니다. 아이들에게 꿈을 주입하지 말고, "꿈 깨"라고 하지 말고, 아이들이 원하는 꿈을 맘껏 가슴에 품도록 허락합시다.

앞날이 훤해져서 희망을 느끼는 게 아니라 희망을 선택할 때 앞날이 훤해옵니다.

아이는 어른의 축소판이 아니다

앞에서 정신차리는 기술과 마음지능을 높이는 기술을 배우기 위해서 먼저 정신과 마음에 대한 개념을 새로운 연구 결과로 업데이트하거나 업그레이드 했지요. 이번에는 희망을 선택하기 위해서 새로운 인간발달학 연구 결과를 업로드해야 합니다.

최근에 인간발달학 연구가 뇌과학에 기반을 두면서 아이는 어른과 다르다는 결론에 도달했습니다. 뇌구조가 다르기 때문에 사고방식과 발달 과정마저 다르다는 것입니다. 이 사실을 몰랐을 때 어린이를 어른의 축소판으로 여겼습니다. 모든 면에서 같지만 그저 어른보다 작고 약하고 미숙할 뿐이라고 여겼습니다. 그래서 어른과 별 차이 없이 노동을 시켰고, 전쟁터로 내보냈고, 참혹한 형벌로 다스렸습니다. 참으로 무지막지한 행태였지요.

2차 세계대전 직전만 해도 유럽과 미국에서 초등학생 정도의 어린이가 공장과 농장에서 일하는 모습이 흔했습니다. 20세기 초에 어린이를 특별 보호대상으로 여기는 아동인권법이 제정됐지만 어린이에 대한 잘못된 인식은 여전히 만연했습니다.

21세기가 되었건만 학교에서조차 잘못된 행태가 진행 중입니다. 신체적으로 어린이를 어른의 축소판으로 여겼듯이 두뇌도 어린이와 어른이 같되 두뇌에 담긴 지식의 양적 차이만 있을 뿐이라고 믿었습니다. 그러니 당연히 교육은 '두뇌'라는 그릇을 만들어주는 게 아니라 이미 만들어진 그릇에 지식을 채워주는 역할을 한다고 여겼습니다. 교육의 목적이 '발달'이 아니라 '주입'인 것입니다.

"방금 가르쳐줬잖아!" "내가 열두 번도 더 말해 줬는데 아직도 몰라?" 마치 그릇에 물을 부으면 당연히 물이 담겨있어야 한다는 뜻과 같습니다. 그래서 물이 새었다면 그릇에 하자가 있는 것이고, 가르쳐주었는데 기억하지 못하면 아이가 문제인 것입니다.

아이를 어른의 축소판으로 여기는 순간, 아이는 그저 미성숙하고 부족하고 아쉬운 존재가 됩니다. 아이에 대한 희망을 보기 어렵게 됩니다.

아이에게 희망을 보려면 뇌에 대한 인식이 달라져야 합니다. 뇌는 유연하며 외부와 상호작용하는 것이어서 교육 방법과 내용, 환경에 따라 발전하기도 하고 퇴보하기도 합니다. 다행히 자기주도학습, 자율학습, 체험학습, 학습자중심교육 등 아이의 다양성을 고려하고 특성을 존중하는 교육 방법이 많이 등장했고 확산되고 있습니다.

하지만 여전히 아이를 어른의 축소판으로 보는 시각이 교육계에 만연한 것 같습니다. 저는 특별히 진로 지도를 우려합니다. 아이의 꿈을 존중하고 지지해 주려는 의도는 매우 훌륭하다고 생각합니다. 문제는 진로 지도가 흔히 진학과 직업에 초점이 맞추어졌다는 데 있습니다.

놀이와 친구 사귀기에 열중해야 할 어린 나이에 혹시 월급과 취업률을 따지고 경쟁자를 의식하게 만들지는 않는지요. 한층 더 길어진 인생에 우리가 아이들을 너무 빨리 어른의 세계로 안내하고 있는 건 아닌지요. 진로 지도가 우리 모두 우려하는 속진 수업과 선행학습의 새로운 형태라고 해야 할까요.

결과는 암울합니다. 아이가 어른 흉내 내기를 넘어서 어른 행세를 하기도 합니다. 어른같이 욕설을 내뱉고, 폭력도 휘두르고, 화장도 하고, 섹스도 하지요. 성숙한 게 아니라 처참합니다.

어린이가 축소된 어른같이 취급받으면 결국 축소된 어른이 될 뿐입니다. 아무쪼록 아이는 아이답게 자랄 수 있도록 도와줄 때 아이는 자연스러운 성장과정을 거쳐 어른이 되어갑니다.

진로 지도는 아이들에게 현재가 아무리 힘들고 어려워도 희망을 선택하는 방법을 가르쳐주는 기회가 되어야 합니다.

진로 선택, 내다보는 대신 들여다보기

　　　　　　　　종종 진로 고민 때문에 찾아오는 학생들이 있습니다. 어느 학교로 진학할까, 해외로 유학 갈까 말까, 어떤 직업을 선택할까. 여러 진로 옵션 중 어떤 것을 선택해야 할지 고민합니다. 정보를 찾아보아서 학교, 유학, 직업의 장단점을 두루 꿰뚫고 있지만 어떤 선택이 좋은 미래로 이어질지 판단이 어렵답니다.

　미래가 궁금하면 저보다 점쟁이를 찾아가는 게 좋겠다고 말해줍니다. 함께 한바탕 웃고는 학생에게 무턱대고 간단한 질문 하나 추가합니다.

　"배 탈래요? 비행기 탈래요? 아니면, 자동차 탈래요?"

　느닷없는 질문에 아이는 처음에는 어리둥절하지만 금방 알아차리고 되묻습니다.

"어딜 가는데요?"

좀 성숙한 아이는 곧바로 환하게 웃으며 말합니다.

"그러네요. 목적을 먼저 정한 후에 수단을 선택하는 게 순서네요."

부산에서 대전에 간다면 자동차가 적절하고, 일본에 간다면 배 타는 것도 괜찮고, 샌프란시스코에 간다면 비행기 타는 게 바람직하지요. 아무리 비행기가 빨라도 부산에서 대전으로 가는 수단으로는 적합하지 않잖아요. 샌프란시스코에 간다면 꼭 비행기를 고집할 필요 없고, 배로 갈 수도 있습니다. 비행기를 타더라도 직항으로 갈 수도 있고, 경유지를 거쳐 갈 수도 있습니다.

그런데 아이는 목적지를 정하지도 않고 무작정 이동 수단부터 선택하려니 막막했던 것입니다, 즉, 훗날에 대한 비전 없이 진로를 정하려 했던 것입니다. 우리는 목적지와 수단을 헷갈리지 말아야 합니다.

진학과 직업은 목표가 아니라 수단입니다.

진로 지도는 여러 선택지를 두고 각 선택의 미래를 예상해 보는 게 아닙니다. 만일 내가 유학 간다면, 만약에 공대 입학한 후에 의대로 편입한다면, 혹시 생물학이 더 나을까?

진로 지도는 점치는 일도 아니고, 확률을 분석하는 일이 되어서도 안 됩니다. 진로 지도의 방향을 180도 바꿔야 합니다.

진로 선택은 현시점에서 미래를 내다보는 게 아니라 반대로 내가 원하는 미래에서 현시점을 바라봐야 합니다. 그 미래에 도달하기 위해서 오늘 내가 무엇을 해야 하는가를 판단해야 답이 나옵니다.

진로는 내다보는 게 아니라 들여다보는 것입니다. 먼저 자신이 원하는 것을 성공적으로 이루었기 때문에 행복한 나날을 보내는 자신의 미래 모습을 머릿속에 그려봐야 합니다. 성공하고 행복한 '미래의 내'가 '오늘날의 나'에게 "이리 와. 여기가 바로 네가 가장 원하는 곳이야"라고 손짓하면서 나를 부르는 모습을 상상해야 합니다. 그 행복한 나의 미래 모습에 이끌려야 합니다. 직업을 뜻하는 영어 단어 'vocation'과 'calling'의 어원이 '부른다'인 게 우연이 아닙니다.

누군가 뒤에서 밀면 엎어지기 쉽고, 당겨주는 사람이 있으면 앞으로 나아가기 수월합니다. 날 부르는 사람이 '미래의 나'라면 더할 나위 없이 반갑고 듬직합니다. 행복한 나를 만나기 위한 과정은 아무리 힘들고 어려워도 설레고 즐거울 수 있습니다.

그래서 아이들은 먼저 희망을 가슴에 품어야 합니다. 비전과 꿈을 선택해야 합니다. 한 50년 후의 미래를 그려봐야 하지만, 그 먼 미래를 그려본 아이를 아직 한 명도 만나보지 못했습니다. 당연합니다. 하루살이처럼 살아온 아이들에게, 기껏해야 코앞에 놓인 수능시험만 생각하면서 살아온 아이들에게 50년 후는 까마득한 미래니까요. 그러나 50년 후라고 해봤자 겨우 아이가 직장에서 은퇴할 나이가 아니겠습니까. 그후에도 한 50년은 더 살아가게 될 백세시대 아닌가요.

우리는 자주 봅니다. 성공 가도를 달렸던 사람이 은퇴 후에 무엇을 하고 살지, 어떻게 살아갈지 막막해서 우울증에 빠진 경우를요. 앞만 바라보고 열심히 달려왔지만 눈 깜빡할 새 은퇴할 나이가 되었고, 남은 인생을 어떻게 살지 전혀 준비하지 못했다면 얼마나 암담하겠습니까.

꿈과 비전을 갖는 것은 미래를 내다보는 게 아니라 마음속을 들여다보는 데서 시작합니다.

내면을 들여다보지 않으면 목적을 정하기 어렵고, 인생에서 성공하기 어렵습니다. 저는 아이에게 50년 후가 어려우면 30년 후, 10년 후의 모습을 그려보게 합니다. 셋 다 그려보는 게 가장 좋습니다. 시간차 그림에 일관성이 조금이라도 보여야 제대로 된 비전입니다.

목적지가 정해지면 이제 수단을 선택해야 합니다. 여기서 아이들이 또다시 갈등합니다. 내가 좋아하는 일을 해야 하나, 내가 잘하는 일을 해야 하나. 좋아하는 일을 하면 행복할 것 같지만 잘하는 일을 해야 성공할 것 같습니다. 운 좋게 좋아하는 것과 잘하는 것이 같다면 문제가 없지만 아쉽게도 서로 다르기에 갈등합니다.

내가 하고 싶은 것을 할까, 해야 할 것을 할까. 이 역시 갈등의 소재입니다. 부모님이나 선생님은 해야 할 일을 강조하지만 내가 하고 싶은 게 따로 있지요. 그래서 한숨 쉬게 됩니다.

저는 하고 싶은 것, 해야 할 것, 둘 다 만족시키라고 말합니다. 둘 중 하나를 고르는 게 아니라 둘 다 만족시켜야 '성공과 행복'이라는 두 마리 토끼를 다 잡을 수 있기 때문입니다.

아이에게 산을 오르는 비유로 설명해 줍니다. 제가 운영하는 연구소를 둘러싼 북악산, 인왕산, 북한산을 가리키면서 그중에 하나의 산꼭대기에 올라가서 평생 살아야 한다면 어떤 산을 선택하겠냐고 물어봅니다. 아이는 당연히 자신이 좋아하는 산이어야 한다고 말합니다. 맞습니다. 크고 작고, 멀고 가깝고, 높고 낮음과 관계없이 내가 좋아하는 산에 올라가야지 행복하겠지요.

목적지를 선택했다면 이젠 올라가는 방법을 선택해야 합니다. 정상에 오르는 여러 갈래 중에 가파른 암벽을 타는 지름길이 있고, 완만하지만 빙글빙글 돌아 오르는 등산길도 있고, 경치 좋은 등선길도 있습니다. 긴 여정이어도 쉬엄쉬엄 걸으며 정상에 도달할 수 있는 둘레길도 있습니다.

암벽을 타는 지름길은 기술이나 밧줄이 없으면 실패합니다. 그러니 당연히 내가 잘하거나 잘 해낼 수 있는 길을 택해야 성공합니다. 어느 한 수단에 집착하지 말아야 합니다. 정상에 도달하기 위한 수단은 다양합니다.

그러나 산에 올라가는 행위의 이유가 단지 내가 좋아하거나 하고 싶어서가 되면 안 됩니다. 인생 목표가 지극히 이기적이면 훗날 산에 혼자만 남아서 고독하게 됩니다. 그 이유는 '누군가 해야 할 일'이어야 합니다.

그러니 자신의 능력과 실력과 노력을 오로지 자신만을 위하는 소인배의 꿈이나 남을 조금도 배려하지 않는 악동의 꿈은 어느 누구도 지지하고 지원할 수 없습니다.

누군가에 쓸모 있고 이롭게 살아갈 때 돈도 벌고 곁에 사람도 생깁니다. 기여하는 삶을 살아야 성공하고 함께하는 행복도 누리게 됩니다.

진로는 직진하지 않아도 된다

학생 시절에 저는 진로를 도중에 바꾸는 게 과연 옳은 일인가에 대해 마음고생을 심하게 한 적이 있습니다. 이미 상당히 온 길에서 벗어나자니 그간 투자한 시간과 노력이 아깝고, 그렇다고 그 길로 계속 가자니 막막했습니다. 여태껏 응원해 주고 지원해 준 사람들을 실망시키기가 두려웠습니다. 하지만 실패할 길이라면 어차피 그들을 실망시키게 될 것이니 지금이라도 그만둬야 하는 게 아닌가 싶었지요. 답은 없고 고통만 있었습니다.

그래서 지금 꼭 말해 주고 싶습니다. 단순한 옳고 그름으로 나눈 이분법 사고방식으로는 마음을 정할 수 없습니다. 진로는 언제든지 바꿀 수 있습니다. 아니, 바뀌어야 합니다. 살면서 나도 바뀌고 세상도 바뀌는데 진로를 바꾸지 않는다는 것이 되레 이상한 것 아닌가요. 단, 도피와 도전을 구분해야 합니다. 도피가 목적이라면 진로를 바꾸지 말아야 하고, 도전이라면 바꾸는 게 더 바람직할 수 있습니다.

저는 스물세 살 때 진로를 놓고 가장 큰 위기를 겪었습니다. 대학원 1학년 2학기 중이었습니다. 아직도 그날을 생생하게 기억합니다. 제가 그토록 겁을 잔뜩 먹고 처참하게 무너진 적이 그 전에도 없었고 그 이후에도 없었으니까요. 대학을 졸업하고 곧바로 대학원에 진학할 수 있는 처지가 무엇이 그리 나쁠까, 분명 배부른 소리일 거라고 여길 수도 있습니다. 그러나 그 당시 저한테는 하늘이 무너지는 듯한 절망적인 경험이었습니다.

대학원 첫 학기는 모든 게 새로워서 정신없이 지나갔습니다. 다행스럽게 연구 활동을 왕성하게 하는 지도교수를 잘 만나서 연구 보조 기회를 얻어 등록금 면제와 심지어 생활비마저 지원받게 되었습니다. 그러나 기쁨은 잠시였고 가슴이 타는 고통이 시작되었습니다. 너무 유능한 지도교수를 만난 게 오히려 화근이었습니다.

지도교수는 저보다 겨우 열 살 더 많았지만 초고속 승진한 분이었습니다. 지도교수는 응용수학 전공자였지만 제 수학 실력은 고등학생 수준이었습니다. 역설적으로 저는 고등학생 시절 수학 실력이 좋았기 때문에 대학에서 공대생이 수강해야 하는 수학 과목을 모두 면제 받았습니다. 그땐 공대를 3년 만에 졸업할 수 있다는 사실에 날아갈 듯 기뻤습니다. 그러나 월반이 발목을 잡을 것이라고 상상조차 하지 못했습니다. '인생지사 새옹지마'라 했던가요.

제 실력으로 도저히 대학원을 졸업할 수 없을 것 같았습니다. 대학원 수준의 수학 공식은 제 눈에는 그림처럼 보였고 실제로 해독할 수 없는 암호였습니다. 공학을 포기하고 싶었고, 박사 학위를 포기하고 싶었습니다. 그렇다면 부모님을 실망시키게 될 테니 그것만큼은 하고 싶지 않았습니다. 효심이 지극해서가 아니라 세뇌당한 결과였습니다.

부모님은 제가 어릴 때부터 "우리는 대대로 학자 집안"이라고 노래 부르셨습니다. 그 메시지는 확실하게 제 머리에 박히게 되었지만 부모님이 직접적으로 교수 되라고 요구하지는 않으셨으니 스스로 원하는 것처럼 제가 착각한 셈이었습니다. 고도로 진행된 세뇌는 이처럼 막강했습니다.

저는 이러지도 저러지도 못하고 한참 괴로워했습니다. 부모님이 제게 꿈을 주입시켰다고 원망했고, 지도교수는 연구밖에 모르는 일벌레라고 경멸했습니다. 이들에게 조종당하는 제 처지를 비관했습니다. 이 괴로움을 더 이상 견디는 건 비인간적이라고 확신했고, 이 모든 불합리에서 해방되어야 한다고 결심했습니다. 이제 제가 진정으로 원하는 삶을 살아야 한다는 결론에 도달하자 마음이 편안해졌습니다. 정말 오랜만에 느껴보는 마음의 평화였습니다.

이 악몽 같은 생활을 청산하려면 일단 그곳을 떠나야 했습니다. 그래서 몇 가지 안 되는 짐을 싸기 시작했습니다. 새벽 3시쯤 되었을까, 심신이 고갈되어 잠이 들었습니다.

아침에 일어나서 텅 빈 방을 보는 순간 가슴이 철렁했습니다. 도대체 내가 무슨 정신 나간 생각을 한 것인가. 대책 없이 무작정 포기한들 무엇이 더 나아질 것이란 말인가. 지금 여기서 떠난다면 어디로 간다는 것인가. 갑자기 불안감과 공포감이 밀려왔습니다.

그러자 또 다른 갈등이 불쑥 생겼습니다. 자괴감에 떠밀려서 이곳을 떠날 것인가, 불안감에 짓눌려 멈칫하고 남을 것인가. 이래도 저래도 나쁘기는 매한가지였습니다. 어떻게 할까 한참 고민했습니다. 지난밤의 확신과 결단이 어디로 증발해 버린 것인지, 사람이 이토록 우유부단해서 뭘 하겠다는 것인지, 초라함의 나락으로 끝없이 떨어지는 것 같았습니다. 결국 저는 쌌던 짐을 풀었습니다. 불안감에 굴복했기 때문이 아닙니다. 깨달은 바가 있었기 때문입니다.

비록 오밤중에 짐 싸고 아침에 짐을 푸는 어이없는 원맨쇼를 하고 말았지만 얻은 것도 있었습니다. 도피와 도전의 차이를 깨닫게 되었으니까요.

진로를 언제든지 바꿀 수 있습니다. 그러나 새로 나선 길이
도피가 아니라 도전이어야 합니다.

현재가 힘들고 싫어서 무작정 가던 길의 방향을 트는 것은 '도피'입니다. 반면 더 훌륭한 비전을 가지고 가던 길에서 벗어나고 새로운 길에 들어서는 것은 '도전'입니다. 반응적으로 움직이는 건 도피고, 의도적으로 행동하는 건 도전입니다.

비록 같은 길을 가더라도 뒤에서 쫓기면 도피고, 앞으로 나아가면 도전입니다. 도피는 패배자임을 인정하는 것이고 도전은 승자의 희망을 품는 것입니다.

싸움에서 36계 도망이 현명한 선택일 경우도 있습니다. 하지만 현대인의 싸움은 자신과의 싸움인 경우가 많습니다. 이런 경우, 줄행랑을 쳐봤자 무슨 소용인가요. 저는 저로부터 벗어날 수 없잖아요.
짐을 풀면서 다짐했습니다.
'새로운 비전을 찾으면 그때 짐을 싸도 늦지 않다. 그때까지는 일단 시작한 여정을 끝내는 게 중요하다. 비전에 도전할 때만 어려움과 힘듦을 이겨낼 수 있다. 도전하는 게 자신에게 가장 진실되고 성실하게 최선으로 사는 거다.'
그때 저는 최소한 도피는 하지 않겠다고, 패배주의자는 되지 않겠다고 마음을 먹었습니다. 그리고 그때의 판단과 결정이 오늘의 저를 만들었다고 생각합니다.

충무공 이순신의 선택법

진로만이 아니라 우리는 살아가면서 수많은 선택을 하게 됩니다. 오늘 점심에 햄버거를 먹을 것인가 비빔밥을 먹을 것인가부터 이 사람과 결혼할 것인가 헤어질 것인가까지, 크게 고민할 필요 없는 하찮은 일부터 남에게도 지대한 영향을 미치는 중대한 일까지 매 순간 선택합니다.

교실에서도 선택의 연속입니다. 잠자는 학생을 깨울까 말까, 욕하는 학생을 야단칠까 아니면 못 들은 척할까, 영상물을 보여줄까 그 대신 조별 활동을 하게 할까. 어떤 선택을 하느냐에 따라 그 수업의 전개와 학생과의 관계가 달라집니다.

교무실에서도 마찬가지입니다. 교무회의 때 입 다물고 있을까, 아님 평소 가졌던 생각을 발언할까, 새로 온 선생님에게 내가 먼저 말을 걸까 말까, 부장선생님의 도움 요청을 핑계대고 거절할까 아 닙 진심으로 도와줄까. 내 선택 하나하나에 남과의 인연이 생기거 나 소멸합니다.

인생은 일련의 선택이며, 그 선택에 따라 인생이 달라집니다. 머리로 계산하고 판단한 선택이 가슴의 선택과 같을 수도 있고 다를 수도 있습니다. 다를 때는 고통스럽습니다. 하나인 내 몸 안에서 머리와 가슴이 분리되고 찢길 땐 불행합니다. 그러니 행복하게 살기 위해서는 선택을 잘해야 합니다. 그럼 현명한 선택은 어떻게 하는 걸까요?

선택에는 항상 얻는 것과 잃는 게 있습니다. 모든 상황에는 장점과 단점이 있는 게지요. 그래서 중요한 선택을 앞두면 시름이 깊어지고 갈등을 느끼게 됩니다. 얻을 것을 생각하면 신나지만 잃을 것을 생각하면 주춤해집니다.

갈등 상황에서 판단을 잘하기 위해서는 판단 기준이 명확하고 판단 기준에 비춰볼 정보가 분명해야 합니다. 얻을 것에 눈이 멀면 잃을 것이 보이지 않아서 나중에 후회하고 한탄하게 됩니다. 반면 잃을 것에 집착하면 더 좋은 것을 얻지 못하게 됩니다. 이 역시 나중에 후회하고 안타까워하게 되겠지요.

잃을 것 또는 보상할 것을 염두에 두지 않고 얻을 것만 생각하는 것은 '거지 근성' 또는 '도둑 심보'입니다. 얻을 것을 보지 못하고 잃을 것만 생각하면 '루저'입니다.

예를 들어 비싼 보석을 보면서 "아, 아름답다" 하고 탄복하는 일은 자유입니다. 그러나 "가지고 싶다"라는 마음을 품는 동시에 값을 치르겠다는 생각을 하지 않으면 '도둑 심보'입니다. 공짜이길 바라면 '거지 근성'이지요. 보석을 얻기 위해 돈은 '잃을'(보상할) 준비를 해야 당당해집니다.

루저들의 선택은 한심합니다. 예를 들어, 교무회의에서 어떤 문제점에 대해 누군가가 해결책을 제안했을 때 그 제안으로 얻을 효과(장점)는 완전히 무시하고 잃을 것(단점)만 신나게 지적하는 교사가 있습니다. '당신은 이런 단점을 미처 생각하지 못했지? 나는 이렇게 분석을 잘해. 나 똑똑하지?'라는 자아도취적 발언이 난무합니다. 이 경우에는 교무회의 분위기가 가라앉습니다.

이처럼 장점보다 단점에 집착하고 선택하는 루저들이 판치는 조직은 망하게 되어 있습니다.

훌륭한 선택은 '이래 저래서 어쩔 수 없다'는 결론에 도달하는 게 아닙니다. 똑같은 상황에서 '그럼에도 불구하고 할 수 있는 게 무엇일까?'를 고려한 후에 창안되는 여러 가능성 중에 하나를 택하는 것입니다. 이성적인 논리로 따진 결론만이 최상의 선택이 아닐 수 있습니다. 열정, 믿음, 신뢰, 공감 등 가슴과 감성적 요소가 새로운 가능성을 창조해 내어 기적을 일으킬 수도 있습니다.

조선 선조 때 명량대첩을 앞두고 대부분 장수들이 "이제 겨우 배 12척밖에 남지 않았으니 다 틀렸소"라고 절망과 포기를 선택했을 때, 이순신 장군은 "거 무슨 소리요. 신에게는 아직도 배 12척이나 있소이다"라고 희망을 선택했습니다. 그 결과 세계 최고의 해전을 이루어냈습니다.

  선택은 태도이며 습관입니다. 습관은 배울 수 있으니 가르칠 수도 있습니다. 아이들이 충무공 이순신 장군처럼 어떤 상황에서든 희망을 선택하는 방법을 배우면 좋겠습니다.

공유하고 질문하고 경청하기

살사를 하시나요? 새로운 시대에 교사들이 학생들과 해야 할 것 하나를 골라야 한다면, 저는 '살사하기'를 선택하겠습니다. 살사를 해야 희망이 보이기 때문입니다. 이것은 세계 최고 학교 선생님들이 하는 방법이기도 합니다.

걱정 마세요. 여기서 살사는 격렬한 캐리비언 댄스가 아닙니다. 'Share, Ask, Listen, Share again, Ask again' 첫 글자를 합친 약자 'SALSA'입니다. 공부할 내용과 의견을 공유하고, 질문하고, 경청하고, 이 활동을 반복하는 학습법을 뜻합니다.

교실에서 교사를 통해서 정보와 지식을 접하는 방식은 구태입니다. 지식은 학생 스스로 얼마든지 접하고, 자신의 의견을 공유하고, 서로 질문하고 답하면서, 함께 조율하는 식의 공부가 교실에서 이루어져야 합니다.

살사는 거꾸로 수업(flipped learning), 하브루타 수업, 질문이 있는 교실, 토론 수업, 학생중심교육 등 근래 유행하는 수업 방식의 핵심 요소만 간추린 개념입니다. 이런 시도가 유행으로 끝나면 안 되고, 수업의 기본으로 자리매김해야 합니다.

그러나 이런 수업을 시도해 본 선생님들은 결코 쉽지 않다는 점을 잘 아실 것입니다. 학생들이 이런 수업에 준비가 되어 있지 않아서 수업의 질이 낮아질 확률이 높습니다. 질문이 만족스럽지 않고, 토론이 잡담 수준이고, 그냥 시간이 낭비되는 경우가 흔할 테니까요. 그래서 실망한 나머지 살사하기를 포기하게 됩니다.

그렇다고 해서 그만두면 우리 학생의 살사 역량은 제자리에 맴돌겠지요. 그러면 한국에서 세계 최고의 인재는 양성되지 않을 것입니다.

참고할 사실이 있습니다. 3년마다 전 세계 학생들의 학업 성취도를 평가하고 비교하는 PISA 연구에 한국 학생이 최상위권에 있습니다. 한국 학생이 매우 우수하다는 증거이지요. 평균을 따지면 그렇다는 것입니다. 하지만 상위 15퍼센트 학생을 비교하면, 미국 학생이 더 우수합니다.

이러한 결과로 생각해 보면 한국이 발전하는 이유는 평균이 우수하기 때문입니다. 그러나 한국이 힘든 것은 사회 리더 그룹이 허약하기 때문입니다. 그래서 저는 사회 리더십을 형성하는 상위권 학생들을 비교하고 싶습니다.

예를 들어, 최상위권 학생들은 일반 아이들보다 학업에 상당한 여유를 부릴 수 있지요. 남들이 3시간 공부해야 할 때 이들은 1시간이면 족하니까요. 한국에서는 이 여유 시간을 속진 수업을 하는 데 낭비합니다. 그러나 미국에서는 살사하는 데 사용합니다.

한국 영재 학원에서는 초등학생이 각자 미적분을 배우고 고난도 문제를 풀게 하지요. 그러나 미국 영재 학원에서는 팀으로 풀 문제를 내주는데, 첫 문제가 "1+1=2다. 증명하세요"입니다. 물론 천재급 학생들이 함께 달려들어도 이 문제에 대한 답을 찾지 못할 것입니다. 하지만 문제를 푸는 게 목표가 아니라 아무도 의심하지 않고 진실이라고 받아들이는 '1+1=2'를 증명하는 데 도전하는 과정이 바로 최상위권 학생들이 해야 하는 '살사 활동'이라는 것입니다.

앞서 베스트가 아니라 유니크가 교육의 목표가 되어야 한다고 말했습니다. 남과 같은 학교, 같은 학원, 같은 국영수사과 지식을 배우면서 유니크해질 수 없습니다. 공부에 대한 개념이 달라져야 합니다. 같은 목표에서 최고가 되는 게 아니라 유니크한 존재로 만드는 노력이 바로 진정한 공부입니다.

> 살사(SALSA)는 아이가 유니크한 존재로 거듭나고 경쟁하지 않으면서도 경쟁력을 갖추게 하는 데 꼭 필요한 교육 방식입니다. 우리 모두 살사합시다.

생각을 열면 희망이 들어온다

수학이 참으로 절망스럽습니다. 수포자에 대한 이야기가 아닙니다. 하필 절망을 보게 하는 수학만 가르치는 게 문제라는 뜻입니다. 희망을 보게 하는 수학도 있거든요.

아이들은 초중고 12년 내내 수학을 배웁니다. 수학 문제 풀이에는 정답이 하나 있습니다. 그 정답 하나는 맞고 그 외의 답은 다 틀렸습니다. 그러니 수학이 얼마나 경이롭습니까? 우주의 그 수많은 것 중에 해답이 되는 단 하나를 찾아내는 과정은 실로 대단하고 심지어 아름답지요.

그러나 모든 것에 장단점이 있듯이 여기에도 단점이 있습니다. 그 정답 하나 외에 모든 것은 다 틀렸다고 하니 극단의 극치로 볼 수 있습니다.

극단적이고 배타적인 사고방식은 몇 가지 문제를 초래합니다. 세상을 흑백, 맞고 틀림, 옳고 그름으로 이원화해서 보는 시각이 생깁니다. 복잡한 현상을 몇 가지 간단한 유형으로 구분하려는 경향이 강해집니다. 이런 단점은 꼭 수학이기 때문이 아니라 어떠한 학문 영역이라도 정답이 있는 문제 풀이 중심으로 훈련을 받으면 생기는 결과입니다.

극단적 사고방식의 더 심각한 단점은 아이들이 스스로 완벽하지 않으면 실패라고 여기고 자책하게 된다는 점입니다. 확실할 때까지 기다리는 결정장애가 발생할 수도 있습니다. 불안감, 도전 기피증, 판단력 미숙함으로 부정적 감정에 취약하게 됩니다.

가장 큰 단점은 현실을 왜곡하는 것입니다. 물리학 세계와 심리학이나 사회학 세계는 근본적으로 다릅니다. 그런데도 자꾸 사람과 관계 역학을 몇 가지 간단한 틀 안에 재단하고 법칙으로 제어하려고 합니다. 그리고는 스스로 절망에 빠집니다.

물리적인 세계에서는 정답이 있습니다. 제가 지금 서울에서 이 글을 쓰고 있으니 분명 제가 뉴욕, 파리, 모스크바, 베이징, 산호세 등 다른 곳에 있다는 말은 죄다 틀렸습니다. 제 키가 177센티미터이니 나머지 숫자는 다 틀렸습니다. 정답이 하나만 있으니까요.

사회·정서적인 세계에는 정답이 없습니다. 가능성과 확률만 존재합니다.

심리학과 사회학은 통계학의 결과물입니다. 현상이 폭넓게 분포되어 있습니다. 평균값이 있고 정상 범위가 있지만 이 역시 현상을 충분히 반영하는 지표가 아닙니다. 그럼에도 너무 많은 사람이 사회학적, 심리학적 현상에 대한 결론을 물리학 법칙처럼 여깁니다.

예를 들어, 제가 이 책에 지적한 교육 현상은 대체로 그런 경향이 있다는 것이지 모든 면이 그렇다는 뜻이 아니지요. 제가 제안한 방안들이 도움이 될 확률이 높다는 것이지 예외없이 그렇게 적용되어야 한다는 뜻도 아닙니다. MAD, SAD, BAD 교육이 위력을 발휘하는 분야도 있을 법하고 그리해야 하는 경우도 있습니다. 하지만 이런 교육은 대체로 아이들에게 해가 될 가능성이 높기 때문에 하지 말자는 것입니다. 그런데 예외 상황을 언급하면서 마치 의견 전체가 다 틀린 것처럼 반박하는 사람이 꼭 있습니다.

일반적으로 기계공학자는 기계 다루는 일을 좋아합니다. 저는 기계공학 교수지만 기계를 싫어합니다. 즉, 확률이 작지만 저에게는 그 작은 확률이 적용됩니다. 비록 평균에서 많이 벗어났지만 스펙트럼의 한끝에 존재합니다. 그런 저에게 평균을 적용하면 저는 '기계를 싫어하는 기계공학자'라는 이상한 사람이 됩니다.

저는 사회봉사 활동도 여러 가지 하지만, 그렇다고 천사도 아니고 대단한 일을 하는 것도 아닙니다. 더 많은 시간을 저 자신을 위해 쓰니까요. 지극히 정상 범위 안에 드는 사회인입니다. 한 면이 좋다고 모든 면이 다 좋은 것은 아니지요.

우리는 극단적 사고방식의 오류를 바로잡아야 합니다. 아이들이 통계학적으로 현상을 이해하고 자신의 인식 세계를 흑백에서 256컬러 스펙트럼으로 바꾸도록 해야 합니다. 정답 하나만 맞고 나머지는 다 틀린다고 하는 비극은 막아야 합니다. 극단 외는 다 부족하고 아쉬워하고 그래서 만족이 안 되면 절망하게 되니까요.

이제 희망을 보는 기술도 연마해야 합니다. 아이들에게 어릴 때부터 통계학을 가르치자는 게 아닙니다. 아이와 살사를 하다 보면, 대화를 나누고 생각을 공유하다 보면, 아이의 사고방식이 보입니다. 아이가 극단적으로 말할 때 좀더 완화해서 표현하도록 수정해주면 됩니다.

"맞다, 틀리다"에서 "그럴 수도 있겠다" "그렇게 보는 게 더 적절하겠다" "이게 좀더 적합하다"로 바꿔주세요. 그래야 생각의 폭이 넓어지고, 포용력도 생기고, 가능성을 품게 됩니다. 생각이 닫히면 절망이지만, 생각을 활짝 열면 희망이 들어옵니다.

서로에게 돌봄을 선물하기

우리가 아이들의 성장을 돕고, 진로를 고민하고, 함께 살사하고, 마음의 문을 여는 대화를 하고, 서로 마음을 나누듯이 누군가 우리에게 그리해 주면 얼마나 좋을까요.

우리도 아이들과 마찬가지로 미래에 대한 걱정도 많고, 하루하루가 고달프고, 집무 대신 잡무에 지치고, 삭막한 현실이 허무한 나머지 아이 개개인에 관심을 쏟을 여력이 없잖아요. 백 년 앞이 아니라 코앞도 내다볼 상황이 아닌 게지요. 우리도 누군가의 돌봄이 필요합니다.

그러나 모두가 다 아픈 마당에 남이 우리를 돌봐주기를 기다릴 수 없겠지요.

우리가 서로 아껴주고 배려해야 합니다. 모든 교사가 매달 한 번

씩만 다른 교사를 위한 자그마한 배려를 베풀면 좋겠습니다. 사과 하나씩 책상에 놓거나, 커피 한 잔 타드리거나, 동료 교사의 장점 두세 가지를 포스트잇에 적어서 컴퓨터 화면에 붙여놓을 수도 있습니다.

'겨우 이까짓 것이 무슨 소용 있으랴' 싶을 수 있습니다. 그러나 해보면 압니다. 별것 아닌 것이 얼마나 대단한 힘을 가졌는지를요. 그리고 별것 아니기에 누구나 쉽게 할 수 있다는 것을요.

> 우리부터 먼저 건강해집시다. 우리의 마음을 돌보고 자신에게 희망을 선물합시다. 우리가 먼저 편안해져야 아이들과 다른 이들을 돌볼 수 있습니다.

8장

다시 연결하기

정신 차리고, 마음이 건강하고, 희망차게 미래로 나아갈 몸이 준비되었다면 이제 마지막으로 한 가지가 남았습니다. 바로 '함께 가기'입니다.

혼자는 외롭습니다. 인생에서 넘어야 할 산과 걸림돌이 앞에 있을 때 혼자서 해내기 쉽지 않습니다. 사람은 함께 살아가는 존재입니다. 한낱 여행을 가더라도 함께 가는 게 재미있고 즐겁습니다. 서로 의지하고 대화를 나눌 수 있는 친구, 동료, 동반자, 가족…… 누구라도 있으면 안심됩니다.

물론 홀로 가는 여행도 의미 있습니다. 그래도 급할 때 연락할 수 있는 연락처 하나라도 지니고 있어야 합니다. 혼자 홀가분하게 정처 없이 떠나는 여행이라도 주변에 날 염려하고 사랑하는 사람들을 위해서 가끔 안부라도 전하는 게 도리일 것입니다. 그래서 옆에 있든 없든 누군가와 정서적으로 영적으로 연결되어 있음을 알아차리고 좋은 연결을 실천하고 살아야 합니다.

연결은 계속되어도 연결의 방식은 달라집니다. 가장 강하게 연결된 가족관계도 변하고 있습니다. 대가족 시대는 오래전에 사라졌고, 이제는 핵가족 시대도 저물고, 혼족이 대세입니다. 혈연이 중심된 연결은 의미를 많이 잃었습니다. 그 대신 온라인에서 맺어지는 가상가족이 넘쳐납니다. 맺을 땐 신나지만 소리 없이 사라지지요. 언제 연을 맺었던가, 연을 맺기는 했던가, 기억조차 나지 않습니다.

그래도 누구와 연결되어 있음은 안전과 안정과 안심을 가져다주기 때문에 생존과 성장에 꼭 필요한 요소입니다. 인간 본능 욕구 중 하나가 소속감이니까요.

하지만 소속은 흔히 종속으로 변질됩니다. 연결의 혜택을 극대화하기 위해 단결을 앞세웁니다. 떼거리, 패거리로 몰려다니며 기득권을 위한 카르텔도 구성합니다.

> 단결의 부작용 때문에 단절로 가지 마세요. 소속과 종속 사이에 도속이 있습니다.

저는 '도속(徒屬)'이라는 개념을 좋아합니다. 뜻을 같이하여 일을 함께하는 사람들이라는 뜻입니다. 혈연으로 맺어진 가족이 아니라 비전을 같이하는 의형제 같은 개념입니다. 도(徒)는 걸을 척(彳) 자와 달릴 주(走) 자가 합쳐진 단어입니다. 그러니 가족은 같은 집에서 사는 사람이라면, 도속은 같은 길을 가는 사람들이라고 풀이해도 될 법합니다.

도속으로 함께 살아가기 위해서 두 가지 기술이 필요합니다. 첫째, 사람끼리 서로 연결하기 위해서 신뢰 얻기, 마음 나누기, 배려하기, 갈등 관리하기 등 관계의 기술이 필요합니다. 둘째, 여럿이 함께 잘 지내려면 각자 내면의 세계를 잘 연결해서 통합된 사람, 진실된 사람으로 살아가야 합니다. 즉, 내면의 연결을 위한 기술도 필요합니다.

이제 두 가지 기술을 하나씩 소개하겠습니다.

신뢰는 관계심리학의 최고봉이다

　　　　　　　　　심리학이 사회과학 영역으로 들어온 지 어느덧 150년이 되었지만 가장 기념비적인 순간은 1900년, 그 유명한 지그문트 프로이트의 등장이지요. 인간의 핵심 요소를 정립하는 구성주의, 구조주의, 기능주의를 넘어서 무의식 정신세계를 분석하기 시작했습니다.

　그러나 스키너와 왓슨이 대표하는 행동주의는 객관적으로 관찰하고 측정할 수 있는 행동(Behavior)에 초점을 맞추어야 한다고 주장합니다. 그 후에 인지(Cognition)의 발달과정과 단계를 고려한 인지심리학과 정서(Affect)를 고려한 긍정심리학이 나오면서 심리학의 ABC를 이룹니다.

　심리학의 ABC는 모두 개개인을 관찰하고 분석한 결과입니다.

하지만 두 개인이 상호작용할 때는 단순히 두 개인의 합으로는 설명이 되지 않습니다. 부부의 경우를 예로 들겠습니다.

남편을 보니 상당히 점잖고 유능하고 성격이 좋습니다. 아내를 보니 매우 멋있고 세련되고 성격이 좋습니다. 그런데 둘 사이의 관계는 매우 나쁩니다. 각자는 몸, 마음, 정신이 다 건강한데 관계는 병들어 있습니다. 마치 관계가 두 사람과 별도로 존재하는 것 같습니다.

맞습니다. 관계는 사람을 성격, 성질, 성별로 이해하고 분석하는 기존 심리학으로는 관계 역학을 풀어나갈 수 없습니다. 관계라는 맥락에서 존재하는 소통, 리더십, 팀워크 그리고 교육에 대해서 개인에 기반한 현대 심리학에 근본적인 한계가 있을 수밖에 없습니다. 새로운 심리학이 필요합니다. 그래서 최근에 집필된 심리학 교과서에는 존 가트맨 박사의 관계에 대한 연구 결과가 포함되기 시작합니다. 저는 심리학을 가트맨 이전은 1차원(개개인) 심리학이고, 가트맨 이후는 다차원(관계) 심리학으로 나눕니다.

앞서 소개된 감정코칭 대화법의 창시자가 가트맨 박사입니다. 가트맨 박사는 위스콘신 대학교 임상심리학 박사이지만 MIT에서 매우 특이한 융복합 학문인 수학-심리학(Mathematics-Psychology)에서 석사학위를 받았습니다. 21세기에 가장 영향력 있는 심리학자 열 명 리스트에 선정된 가트맨 박사는 인간관계를 수식으로 풀어내고, 『신뢰의 과학』이라는 책을 출판했습니다.

참 재미있습니다. 서양 과학에서 관계의 핵심을 신뢰에 초점을 맞추고 있다는 사실 말입니다. 우리 동양에서는 오래전부터 기본 덕목을 '인의예지신'으로 보았지요. 개개인에게 사단(四端, 인의예지)이 중요하고, 인간관계에서 신(信, 신뢰)이 중요하다는 뜻으로 저는 풀이합니다. 오륜에 언급된 다섯 관계 중에 '붕우유신'이라는 개념이 있지요. 친구 사이에 신뢰가 가장 중요하다는 뜻입니다.

학교는 기본적으로 또래 친구(붕우) 단위로 반이 구성되어 있습니다. 그러니 학생들 사이에 신뢰를 구축하는 게 최우선 과제가 되어야 합니다. 그것은 기원전 5세기의 석학 공자님 말씀이지만 21세기 석학 가트맨 박사의 결론이기도 합니다.

> 동서고금을 막론하고 좋은 인간관계를 형성하기 위해서는 신뢰가 으뜸이라고 합니다.

따라서 연결을 실천하는 기술은 신뢰에 대한 논의로부터 시작해야 합니다.

신뢰를 확보하는 단계

사람에 대한 희망을 빼앗아가는 것 중 하나가 불신입니다. 누군가를 믿지 못한다는 말은 그와의 미래 관계가 희망적이지 않다는 뜻입니다. 대중교통마저 현금 대신 신용카드로 거래하는 신뢰 기반 사회에서 신용불량과 불신은 곧바로 살아가기 힘든 불행(不行)입니다. 그러니 우리는 아이들에게 신뢰를 얻는 방법도 가르쳐야 합니다. 그냥 '약속을 지켜라'는 구호 한마디로는 부족합니다.

실제로 신뢰의 개념은 상당히 복잡합니다. 우리는 신뢰를 명사로 사용합니다. 물건같이 존재하는 개념으로 신뢰가 있다, 없다고 표현합니다. 그래서 신뢰를 주고받을 수 있고, 쌓거나 잃을 수 있습니다. 신뢰를 느낄 수도 있고, 신뢰에 금이 가거나 심지어 신뢰가 깨지기도 합니다.

신뢰를 동사로 사용하는 경우도 있습니다. 신뢰한다, 안 한다고 말합니다. 그래서 신뢰할 수 있는 사람, 할 수 없는 사람으로 구분하는 일도 가능해지지요. 그러니 신뢰는 사람의 품성이나 성질과 같은 '신뢰성', 품질의 수준 같은 '신뢰도', 감각 차원의 '신뢰감'으로 연결됩니다. 결국 형용사 같은 양적, 질적 표현이 가능해지기 때문에 높고 낮은 신뢰 또는 신뢰가 강하다, 약하다고 하는 게지요.

신뢰심이라는 단어도 존재합니다. 상대방을 대하는 자신의 마음자세와 태도를 지칭하고 있습니다. 상대방의 객관적 신뢰도와 무관하게 내가 일방적으로 지닌 상대방에 대한 주관적 신념일 수 있다는 의미입니다. 예를 들어, 제3자가 볼 땐 영락없는 사기꾼인데 나는 상대방을 무한 신뢰할 수도 있습니다.

이토록 다차원적이고 복합적인 '신뢰'라는 개념은 이제 과학적인 연구로 분석되고 명료화되고 있습니다. 신뢰가 형성되고, 금이 가고, 틈이 벌어지고, 깨지고, 소멸되는 과정을 매우 구체적이고 구분가능한 단계로 정리되고 있습니다.

인간관계 연구에 선구자인 존 가트맨 박사는 신뢰가 깨지고 관계가 병드는 과정을 10단계로 구분했습니다. 비록 부부관계에 대한 연구지만 그 과정은 모든 관계에서 동일하다고 합니다. 그래서 이 책에서 사제지간 또는 부자지간에 대한 내용으로 각색해서 간략하게 소개하겠습니다. 여기서 아이는 집단이 아니라 어느 한 아이를 뜻합니다.

- 1단계: 아이의 대화 시도를 무시한다. 아이가 질문하거나 요구하면 "조용히 해"라고 말하거나 아예 대꾸하지 않는다.
- 2단계: 학생의 잘못 또는 부족함이 자꾸 눈에 보인다.
- 3단계: '쟤, 또 저런다'라는 생각이 앞선다. 선입견과 편견이 생긴다.
- 4단계: 아이가 문제아처럼 여겨진다. 일시적인 상황이 아니라 아이의 고착된 성격 또는 성질이라고 확신한다.
- 5단계: 아이에게 말을 할 때 내 목소리에 짜증이 묻어있다. 야단치듯이 비난조로 말한다.
- 6단계: 그 아이하고 별로 말하고 싶지 않다.
- 7단계: 그 대신 다른 사람들과는 더 많은 대화를 나눈다.
- 8단계: 아이에게 비하하는 말을 한다.
- 9단계: 아이가 잘하면 의심스럽다.
- 10단계: 체벌하고 싶은 충동이 느껴진다.

놀라운 사실은 신뢰가 깨지는 과정에 약속에 대한 언급이 없다는 점입니다. 즉, 약속을 지키지 않기 때문에 신뢰가 깨지거나 잃어버리는 게 아니라는 뜻입니다. 관계가 나쁘면, 상대방에 대한 존중이 없어지면, 약속은 무의미해집니다. 그러니까 약속의 이행과 불이행은 신뢰 상태의 결과물이라는 뜻입니다.

학생들에게 '약속을 지켜라!' 하고 구호를 내걸어봤자 잔소리가 됩니다. 학생이 약속을 지키도록 만들고 싶으면 먼저 학생간 또는 사제지간 관계를 좋게 만들어야 합니다.

　가트맨 박사는 신뢰를 쌓는 방식도 찾아냈습니다. 총 3단계입니다.

• 1단계: 서로에 대해서 알게 한다

　학교에서 학생들이 온갖 지식을 배우지만 정작 학생들끼리 속속들이 알게 하는데 많은 시간을 투자하지 않습니다. 가트맨 박사는 '사랑의 지도'라는 개념을 제안합니다. 사랑의 지도는 게임을 하듯이 서로의 내면 세계를 추측하면서 알아가는 것입니다.

• 2단계: 마음 나누기를 하게 한다

　마음 나누기를 아이들에게 가르치고 실천하게 합니다. 서로 존중하고 배려하고 감사하게 합니다.

• 3단계: 마음의 문을 여는 대화를 하게 한다

　다가가는 대화법을 아이들이 배워서 실천하게 하는 것입니다.

　신뢰가 충분히 쌓이면, 관계에 긍정성이 쌓이면, 다음 3단계가 가능해집니다. 저는 신뢰를 쌓는 첫 3단계와 다음 3단계를 구분하는 시점을 '정서통장이 두둑하게 쌓인 상태'라고 말합니다.

• 4단계: 갈등을 관리한다

　갈등은 차이에서 발생합니다. 성격, 성별, 기질, 습관, 생활방식,

가치관 등은 시간이 지나도 잘 변하지 않습니다. 그래서 대부분의 갈등은 죽을 때까지 지속됩니다. 즉, 갈등은 해결되는 게 아니라 관리하는 것입니다. 갈등 관리의 기본은 서로 조금씩 양보하고 타협하는 데 있습니다.

하지만 그것은 내가 조금 양보하면 상대방도 조금 양보하고 타협을 하리라는 신뢰가 상당히 있어야 가능해집니다.

• 5단계: 서로의 차이와 지향하는 바를 지지해 준다

갈등의 핵심은 차이로 인하여 추구하는 바가 다르기 때문입니다. 차이를 없애고 평화를 얻는 방법은 두 가지입니다. 먼저 팍스 로마나(Pax Romana, 로마시대의 평화)는 로마제국이 주변국을 평정해서 군소리가 없게 만들어서 얻는 평화로움입니다.

음양의 조화는 서로 다른 둘이 공존하고 상생하는 조화로움입니다. 가트맨 박사는 차이는 없앨 수 없고 서로 상생하기 위해서 서로의 존재를 지지해 주어야 한다는 결론에 도달했습니다. 즉, 음양의 조화만이 지속가능한 평화라는 결론입니다.

• 6단계: 함께 공유하는 문화를 만든다

지지의 목표는 단일화가 아닙니다. 서로의 지향점이 다르면 항상 간극이 존재할 수밖에 없습니다. 그럼에도 갈등을 봉합하는 방법은 무엇이라도 함께 활동을 하는 것입니다.

가족이 온종일 각자 흩어져 있어도 아침에 출근하거나 등교할 때 현관에서 서로 안아준다거나, 하루에 세 번씩 SNS로 간단하게 접속한다거나, 저녁식사만큼은 함께하거나, 저녁식사 후에 가벼운 산책을 함께한다거나, 자기 전에 함께 행복일기를 쓴다거나…… 무엇이라도 함께하는 루틴을 가지고 실천하는 게 필요합니다.

집에는 가훈을 걸어놓고 학교에는 교훈을 걸어놓고 함께할 방향을 잡는 것도 도움이 됩니다.

가트맨 박사는 리추얼(ritual)이란 표현을 사용합니다. 우리식 표현은 예(禮)를 지키는 것입니다. 모두가 공유하고 지키는 행동 지침서가 있어야 합니다. 또다시 동서고금이 일치하는 순간입니다!

가트맨 박사가 제시하는 신뢰를 구축하는 총 6단계를 모든 교실(가정)에서 실천하면, 학교(집)가 평화롭고 학생과 교사(부모)가 행복하게 될 것입니다.

정서통장에 채워야 할 것들

세상에 선과 악이 공존하듯이, 인생에 기쁨과 슬픔이 있듯이, 교실에는 어리석음과 지혜가 공존하고 무지와 깨달음이 집합되어 있습니다. 우리는 세상에 악과 슬픔이 사라지는 날을 기다리지 않습니다. 그 대신 악의 어두움을 선으로 밝히고, 슬픔의 절망감을 기쁨이 찾아올 것이라는 희망으로 견뎌냅니다.

이와 마찬가지로 우리는 교실에 추함과 상스러움이 사라질 때를 기다리지 말아야 합니다. 그 대신 호감과 존중으로 추함을 덮어버리고 감사함과 배려로 상스러움을 초월해야 합니다.

우리가 원하는 교실은 욕설, 폭력, 왕따, 무례함, 무질서 등 모든 부정성이 퇴치되거나 억압된 곳이 아니라 긍정성이 부정성보다 더 큰 힘을 발휘하여 부정성의 존재가 상대적으로 약화된 곳입니다. 긍정성의 핵심 요소는 호감, 존중, 감사, 배려입니다.

이는 두루뭉술한 감상적 발상이 아닙니다. 세계적인 일간지 〈뉴스위크〉 커버 뉴스로 소개된 과학적 연구의 결론입니다. 심리학자 가트맨 박사는 이혼을 하는 부부와 화목한 부부 사이에 확연한 차이를 하나 발견했습니다. 바로 긍정성과 부정성의 비율이었습니다. 조직심리학자 로사다 역시 외부 위기에 잘 대처해 나가고 구성원들의 협업이 활발한 고기능 조직과 망하기 일보 직전에 놓인 저기능 조직에도 똑같은 긍정성과 부정성의 비율 차이가 있음을 확인했습니다.

망가진 관계와 망하는 조직의 긍정성 대 부정성 비율은 1 대 3입니다. "아, 신난다"란 말을 한 번 할 때 "아, 짜증나"란 말이 세 번 이상 튀어나오는 것입니다. "고마워"란 인사말 한 번에 "시끄러워!"라는 호통이 세 번이고, 따뜻한 눈빛 교환 한 번에 싸늘한 눈초리 세 번이고, 훈훈한 미소 대신 섬뜩한 경멸을 세 배나 보내는 것입니다.

행복한 관계와 조직의 비율은 반대로 긍정성이 더 많습니다. 긍정성 대 부정성이 5 대 1입니다. 부정성이 없는 게 아니라 긍정성이 다섯 배 이상이라는 점이 매우 중요합니다. '정서통장'으로 비유한다면 행복한 곳에는 정서통장에 긍정성으로 가득 차 있다는 뜻입니다.

교실 상황을 상상해 봅시다. 학생이 무언가 잘못을 했습니다. 선생님이 야단을 칩니다. 차분히 조리 있게 말씀하시다가 감정이 점점 고조되면서 본의 아니게 학생을 비난하고 경멸도 합니다. 이럴 때 학생은 어떤 반응을 보일까요?

만약에 선생님이 평소에 학생을 존중해 주고 따뜻한 격려의 말씀과 배려를 해왔다면 분명 학생은 이렇게 생각할 것입니다. '선생님께서 정말 내가 잘되길 바라는 마음에서 꾸짖으시는구나.' 그러면서 고마워할 것입니다.

하지만 만약에 선생님이 평소에 학생을 무시하고 야단치고 호통 치는 분이었다면, 즉 정서통장이 고갈된 상태라면 어떨까요. 학생은 '또 시작이다'라고 마음의 문을 닫고 귀를 닫아버릴 것입니다. 소통이 단절되고 인간관계가 단절되는 것입니다. 그러니 똑같은 잘못에 똑같은 훈계임에도 불구하고 정서통장 상태에 따라 관계가 천지 차이로 달라집니다.

가트맨 연구의 절정은 긍정성을 쌓는 방법으로 "작은 일을 자주 하라"라는 주옥같은 조언입니다. 긍정성과 부정성의 비율을 따질 때 아이들에게 피자 한 판 크게 쏘는 것도 한 번이요, 간단하게 따뜻한 말 한마디 건네는 것도 똑같은 한 번이라는 의미입니다.

한 달 내내 비난과 호통만 치다가 하루 큰맘 먹고 아이들에게 잘해주는 것은 마치 한 달 내내 양치질하지 않다가 하루 시간 내어 열 시간이나 이빨을 닦는 것과 같습니다. 닦아봤자 곧바로 다음날 악취가 나지요. 양치질을 매일 3분씩 3번 해야 하듯이 긍정성(호감, 존중, 감사, 배려) 쌓기를 조금씩 자주 하는 게 상책입니다.

"안녕, 고마워, 오케이, 잘했어, 내일 또 봐." 이런 말을 할 때마다 개설된 정서통장에 포인트가 늘어갑니다. 장점 찾아주기, 행복일기 쓰기, 떨어진 쓰레기 줍기, 선플 달아주기에 정서통장이 채워집니다. 존중하기, 감사하기, 배려하기, 호감 베풀기에 행복이란 이자가 붙습니다.

상대하기 어려운 사람 대처법

아이들과 마음의 문을 열고 서로 마음을 나누는 일은 조금만 연습해도 곧바로 잘할 수 있습니다. 어른이 이끌어주어서 아이들이 정서통장을 쌓는 방법을 실천하는 일도 어렵지 않습니다. 그러나 어른들과 그리하는 건 쉽지 않습니다. 그래서 이 시점에 대하기 어려운 사람을 대처하는 팁 몇 가지를 소개하고자 합니다. 모든 사람이 아니라 일부 대하기 어려운 사람에 국한한 이야기이니 오해하지 않기를 바랍니다.

논쟁하지 마세요

막무가내로 나오는 사람과 논쟁을 벌이지 말아야 합니다. 논리적인 사람이 지게 되어 있습니다. 얼굴이 시뻘게지고 씩씩거리고 몸을 부들부들 떠는 사람과는 이성이 통하지 않습니다. 논리는 비논리 앞에서 속절없이 무너지게 되어 있습니다. 논리는 무논리와 억지 앞에서 힘을 쓰지 못합니다.

설득하려고 하지 마세요

누가 본인의 입장을 말할 때 우리도 자신의 입장을 말하고 싶어집니다. 하지 마세요. 부질없습니다. 어느 객관적 팩트를 두 사람이 동시에 목격하면 두 가지 주관적 기억으로 저장되고 인식되기 때문입니다.

현상(象)이나 형상(象)은 실체가 있는 객관적 팩트입니다. 사람이 접하는 순간 현상(像)과 형상(像)이 됩니다. 상(象)은 객관적이지만 일단 사람[人] 안으로 들어왔다는 의미로 사람 인(亻) 변이 옆에 붙은 상(像)은 주관적입니다. 하나의 현실을 두 사람이 본다면 두 가지 다른 기억이 존재할 수밖에 없다는 뜻입니다. 서로 자신이 아는 상(像)이 상(象)이라고 확신하기 때문에 다투는 것입니다.

자신의 입장을 내세우는 사람이면 자신의 주관적 상(像)이 객관적 상(象)이라는 믿음이 강합니다. 그래서 설득하려다 보면 서로 입장 차이만 확인하게 될 뿐만 아니라 그 과정에서 자신의 입장이 무시되었다고 생각되기에 기분이 상하고 감정이 격해집니다. 객관적으로 보려고 노력하는 합리적인 사람이 무조건 우기는 사람을 당해낼 재간이 없습니다.

상대방의 입장을 듣고, 그 내용을 요약해서 말해 주고, 충분히 잘 요약했는지 확인하세요

항의하는 사람은 할 말이 많습니다. 그 사람의 말을 성의껏 듣는다는 게 쉽지 않습니다. 말도 안 되는 소리를 듣고 있자면 한심하기 짝이 없고, 논리가 맞지 않고, 오해한 부분도 있고, 착각도 있고, 편견도 보이기 때문에 반박할 내용과 해명할 수 있는 내용이 자꾸 머릿속에 떠오릅니다. 결국 내가 하고 싶은 말이 귓가에 맴돌고 상대방의 말은 점점 들리지 않습니다.

아무리 그렇다 하더라도 상대방의 말을 경청해야 상대방을 진정시킬 수 있습니다. 내가 보낸 메시지를 상대방이 제대로 받았는지 못 받았는지 확인이 안 되면 답답하고 짜증이 나기 때문입니다.

제가 사용하는 경청 방법은 단 하나입니다. 상대방이 한 말을 핵심만이라도 요약해서 되풀이하겠다는 목표를 세우고 듣습니다. 이 방식을 '미러링'이라고 합니다.

예를 들어, 상대방이 ABCDEF를 말하면 끝까지 다 듣고, "그러니까 ABCDEF란 말씀이시지요. 제가 제대로 이해를 했나요?"라고 확인하는 방식입니다.

상대방의 감정도 미러링해 주세요

미러링 과정에서 중요한 점은 상대방이 말한 팩트만 확인하는 게 아니라 그때 상대방이 느낀 감정도 확인하는 것입니다.

"ABC 때문에 기분이 나쁘고, DEF할 때 속상하셨다는 말씀이네요. 제가 잘 이해했나요?"

말의 내용만이 아니라 감정도 메시지입니다. 미러링은 상대방의 메시지를 다 수신했음을 확인하는 작업입니다. 그래서 상대방의 감정을 미러링해 주면 상대방의 감정이 지속되어야 하는 이유가 사라지고 진정됩니다. 생각과 감정 둘 다 전달되어야 마음이 제대로 전달된 것입니다. 그래야 상대는 마음이 놓입니다.

중간에 끼어들지 마세요

상대방의 말을 끝까지 다 들으세요. 오히려 "더 말씀해 주실 내용이 있으세요?" 하고 물어보세요. 하고 싶은 말을 다 하지 못했다고 느껴지면 다시 원점으로 돌아가게 되고, 했던 말을 되풀이하게 됩니다.

반박하지 마세요

"아, 그게 아니고요." 이런 말은 경청한 후에 할 수 있는 최악의 반응입니다. 상대방에게 싸우자는 신호탄을 쏘는 일입니다. 아무리 상대방이 말한 내용이 팩트가 아니어도 듣자마자 반박하면 상대방은 반격으로 받아들입니다.

공감해 주세요

"아, 그렇군요. 그렇게 느껴지실 만하네요"와 같은 공감은 상대방의 생각이나 행동에 대한 동의가 아닙니다. 내 입장을 바꿔야만 공감이 되는 게 아닙니다. 내 입장을 고수하더라도 상대방의 감정을 수용할 수는 있습니다.

부분적으로 인정해 주세요

"아, 그렇게 보일 수 있겠네요. 그런 면이 조금 있어 보이네요"라고 인정해 주세요. 대부분의 자동차 충돌은 쌍방 과실로 처리되듯이 내 입장과 상대방의 입장에 충돌이 있으면 양쪽 입장에 아쉬운 부분이 있습니다.

아무리 상대방이 전적으로 잘못한 것처럼 생각되어도 상대방의 입장이 일부 맞을 확률을 인정하지 않으면 합의는 불가능해집니다. 여기서 핵심은 인정하되 "조금, 일부, 약간, 어느 정도" 등 한정적으로 인정한다는 점입니다.

선입견을 이해하고 감안하세요

예전에 교사들은 학부모에 비해 고학력자였습니다. 지금은 대다수의 학부모가 교사와 같은 대졸 출신입니다. 뿐만 아니라 학부모는 체벌이 금지된 2012년도 이전에 학교를 다녔기 때문에 학교와 교사에 대한 부정적 경험을 했을 확률이 높습니다. 학부모가 화를 내고 있다면 교사 개인에 대한 것이라기보다는 학교와 교사 집단에 대한 부정적인 기억과 초감정일 수 있다는 뜻입니다.

교사에 대한 학부모의 당당한 태도가 못마땅하게 여겨진다면, 시대착오일 수 있습니다. 서로가 지닌 학부모와 교사에 대한 개념이 다를 수 있다는 점을 유의하세요.

마지막으로 여유를 확보하세요

우리는 분쟁이 깔끔하고 조속히 마무리되길 원합니다. 갈등이 있다는 자체가 불편하니까요. 그래서 문제를 해결하고 빨리 결론 지으려고 합니다. 아닙니다.

갈등은 해결하는 게 아닙니다. 관리하는 것입니다.

갈등 관리는 시간이 걸리는 과정입니다. 그 사이 내가 지치지 않도록 앞서 소개된 몸, 마음, 정신 건강법을 실천하면서 관리해 가야 합니다.

연결의 대원칙을 고수하기

　　　　　　　　관계에 문제가 생겼을 때 막무가내로 나오는 사람은 금방 표시가 나니까 방어하기가 나름대로 수월합니다. 어려운 경우는 『손자병법』이나 마키아벨리 술수로 무장한 사람들입니다. 이들은 상당히 지적으로 보이기 때문에 속내를 판단하기가 쉽지 않습니다.

　그런데 잘 들여다보면 이들은 서로 입장을 이해하려고 노력하고 함께 문제를 풀려는 게 아니라 자신의 입장을 관철시키고 상대방을 굴복시키고 자신이 원하는 결과를 얻어내려고 합니다. 이들은 타인과 협업하는 게 아니라 타인을 조정하려고 합니다.

　이런 사람은 겉모습으로 쉽게 가려내기 어렵습니다. 상당히 세련되거나 점잖아 보이기도 하기 때문입니다. 이땐 본인의 직감을 믿어야 합니다. 상대방이 얼마나 진정성 있는지는 직감으로 느껴집니다. 저는 오랫동안 대학에서 옴부즈맨(분쟁조정위원장 겸 학내재판장)으로 활동해 왔기 때문에 분쟁의 생태계를 조금 압니다. 그 경험을 살려서 도움이 되는 몇 가지 참고할 만한 신호를 알려드립니다.

단, 신호는 상대방만이 아니라 자신에게도 적용됩니다. 혹시 내가 이런 행동을 하고 있지 않은가, 자신도 되돌아보고 성찰하면 좋겠습니다. 남에게 적용되는 기준을 자신에게도 적용시키는 게 좋은 관계를 위한 기본입니다.

말할 때 서두를 붙인다

"따지려는 것은 아니고요……"하면서 따집니다. "선생님을 곤란하게 만들고 싶지 않지만……"하면서 곤란하게 만듭니다. "비난하는 것은 아니지만……"하면서 비난하고 공격합니다. "사실은요……"하면서 사실이 아닌 자신의 주관적 의견을 피력합니다.

이런 서두는 반박을 미리 차단해 놓으려는 시도입니다. 그렇다고 해서 반박할 거리가 없어지는 게 아닌데도 말입니다. 이런 어법에 휘말리지 마세요. 즉, 액면 그대로 받아들이지 말고, 오히려 서두의 내용과 반대되는 말이 나올 것임을 알리는 신호라고 여기세요.

이들은 대화가 아니라 게임을 하려고 말을 꺼낸 것이며, 이들의 목표는 수단과 방법 가리지 않고 무조건 이기는 것입니다. 이들은 게임 룰을 자신에게 유리하게 만들고 언제든 바꿉니다. 이런 경우, 그들과 게임할 필요가 없습니다.

목소리는 부드러운데 사용하는 단어가 극단적이다

"제 아들은 절대 그러지 않아요. 단 한 번도 그런 적이 없어요."

'항상, 절대로, 언제나, 늘, 단 한 번도'와 같은 단어는 상대방의 의견이 얼마나 확고한지를 보여줍니다. 실제로 이러한 말은 착각에 빠진 정도만 나타낼 뿐입니다.

"제 딸이 그럴 리가 없어요." "우리 선생님은 절대로 그러실 분이 아닙니다." 가능성조차 원천 차단하고 있습니다. 한마디로 자신들이 옳다는 확신에 차 있습니다. 이러한 선민의식에 우월감과 오만함마저 따라붙습니다. 자신들의 믿음에 부합하는 것만 보고 나머지는 인정하지 않습니다. 편파적이고 왜곡된 내용을 사실이라고 밀어붙이는 행위가 자기기만이라는 점을 전혀 알아차리지 못합니다.

말문이 막히면 곧바로 다른 이슈로 넘어간다

논리적으로 방어가 되지 않으면 인정하는 대신 순식간에 주제를 바꾸고 다른 이야기를 끄집어내고 공세를 이어갑니다. 이 과정은 끝이 없습니다. 이들은 맞고 틀림과 옳고 그름을 구분하지 않습니다. 맞고 틀림이나 옳고 그름을 가리려고 온 게 아닙니다. 이들의 관심사는 승패이며, 자신이 승리할 때까지 집요하게 이슈들을 만들어갑니다.

제대로 사과하지 않는다

어쩔 수 없이 잘못을 시인하더라도 말투가 당당합니다. 말 내용과 달리 미안하거나 죄송스러운 마음이 전혀 느껴지지 않습니다.

"……하다면 미안해요. 그러나……"

흔히 앞에 조건부 단서를 붙입니다. 예를 들어, "기분이 상하셨다면"에 숨겨진 의미는 "상할 필요가 없는데 상했다면"이고, 마치 기분이 상한 사람이 잘못인 양, 상대방을 아량이 없고 옹졸한 소인배처럼 만들어버립니다.

그리고 꼭 마지막 한마디를 추가합니다. 마치 '내 잘못이 있더라도 당신의 잘못이 더 커!'라고 항변하듯이 말입니다. 앞서 한 사과의 효력을 무효화해 버립니다. 본인이 책임질 이유가 없다는 뜻으로 들리기도 합니다. 그래서 회피성 발언의 뒷맛은 씁쓸합니다. 대화에서 마지막 한마디를 꼭 자신이 해야만 직성이 풀리는, 자기중심적 습성입니다.

진정한 사과는 조건을 붙이지 않습니다. 진정한 사과에는 억울함도 없고 굴복 당했다는 비굴함도 없습니다. 사과는 반성이며 신뢰를 회복하려는 시도입니다.

은근히 협박합니다

"문제를 더 크게 만들고 싶지 않아요." 이와 같은 말은 그들이 스스로 바라는 바입니다. 세련된 척하는 사람들은 남의 눈을 의식하는데, 그게 그들의 취약점이기도 합니다. 그 취약점을 가리기 위해서 '벼랑끝 전술'을 동원하기도 합니다. 그러나 그들은 자기애가 강한 사람이어서 논개처럼 적을 부둥켜안고 낭떠러지에서 뛰어내리지 않습니다. 치킨게임은 잃을 게 없는 사람들이 하지요. 자기애가 많은 사람은 공멸 전술을 실천으로 옮기지 않습니다.

위와 같은 특징이 나타나면 우리가 동원해야 하는 기본 전략은 단 하나입니다. 이슈를 공론화해서 제3자를 개입시키는 일입니다.

"아, 이러이러해서 저러저러하다는 말씀이시지요. 제가 잘 듣고 이해했나요? 충분히 그렇게 느껴지셨겠네요. 제가 어떻게 하면 자제분에게 도움이 될지 생각해 보겠습니다. 그러나 이 문제는 저 혼자 처리할 수 없고, 먼저 부장님(또는 학교장, 위원회 등)에게 알리고 함께 논의해야겠네요. 괜찮으시겠어요?"

이 말은 담담하게 해야 효과가 있습니다. 주눅이 들거나 당황하지 말아야 합니다. 세련된 척을 이기는 힘은 그 앞에 압도되지 않는 것입니다. 그러나 이런 말이 익숙하지 않고 처음 하려고 하면 떨립니다. 혼자서 몇 번이든 연습하세요. 그러면 실전에서도 담담하게 말할 수 있게 됩니다.

교사의 입장에서 부장님이나 학교장이 개입되는 걸 달가워하지 않을 수도 있습니다. 그깟 일 하나 혼자 처리하지 못한다고 눈치 보일 수도 있습니다. 학부모의 경우, 자녀가 친구들 사이에 불편한 소문이 나는 상황을 싫어할 수 있습니다. 그래서 문제를 공론화하고 제3자가 개입되는 일은 상대방이 더 달가워하지 않을 확률이 매우 높습니다.

이 방법은 문제를 남에게 떠넘기는 게 아닙니다. 상대하지 않겠다는 의도도 아닙니다. 오히려 '연결'이라는 대원칙을 고수해야 합니다. 아이의 안전과 성장을 최우선에 두세요.

상대방이 자신의 주장을 관철시키려고 하더라도, 즉 대립에서 승자가 되고 싶어 하더라도, 그 프레임에서 벗어나세요. 그 대신 본인의 목표가 초지일관 아이 편에서, 아이의 안전과 이익에 있다면 당당해지고 담담해질 것입니다.

힘들어하는 사람을 만나면 배려하고 도와주세요. 그러나 힘이 들어간 사람을 만나면 배려하지도 말고 도주하지도 마세요.

과배려하지 마세요

상대방을 배려하지 말라는 말에 조금 놀라셨나요? 교사나 부모는 남을 배려하는 마음이 남다르게 큰데 배려하지 말라니 선뜻 이해되지 않을 수 있습니다. 그러나 배려와 과배려는 구분해야 합니다. 이제 과배려의 개념을 소개하겠습니다.

선생님의 경우, 온종일 아이들을 배려하느라 에너지를 다 썼는데, 앞서 언급한 어려운 사람들을 만나서 함께 회의하거나 면담하고 상담하는 게 정말 피곤할 겁니다. 기분 좋은 만남은 에너지를 되레 충전해 주지만 어려운 만남은 신경을 곤두서게 하고 온몸을 각성시키며 에너지가 빠져나갑니다.

학부모의 경우 직장에서 일에 시달리거나, 끝없는 가사 일에 시달리게 되면 늦은 오후에 기운도 없고 기분이 꿀꿀해서 곧바로 드러눕고 싶습니다. TV를 켜놓았지만 그냥 멍하니 볼 뿐입니다. 자꾸 달달한 음식이 당기고 시원한 음료에 손이 갑니다. 나중에 후회할 것이 뻔하지만 당장 급하니 어쩔 수 없습니다.

각성된 신경은 괜한 아이에게 화살이 되어 날아갑니다. 어질러진 거실이 눈에 거슬리고, 이것저것 해달라는 아이가 귀찮아집니다. 눈치 없는 배우자가 미워집니다. 짜증이 엉뚱한 곳으로 튑니다.

위에서 예로 든 선생님과 학부모와 같은 경우라면, 선생님이 학교에서 학생과 동료와 학부모에게 보인 배려는 과배려였습니다. 부모가 직장에서 고객과 동료에게 보인 배려는 과배려였습니다.

과배려는 배려가 아닙니다.

마치 보호는 필요하고 좋은 것이지만 과보호는 쓸데없고 해로울 수 있듯이 배려도 마찬가지입니다. 우리가 타인과 함께 잘 살아가기 위해서 배려는 필수지만 과배려는 에너지를 과도하게 상대에게 쏟아부은 상태입니다.

어디까지가 배려고 어디서부터가 과배려인가요? 둘을 구분하는 뚜렷한 선이 있기는 한가요? 돌봐주고 도와주고 경청해 주고 공감해 주고 지지해 주는 행동이 정도를 넘었는지 어떻게 구분할까요?

구분하는 방법이 있습니다. 행동을 보는 게 아니라 감정을 느껴야 합니다. 나의 행동은 같더라도 나의 감정이 다르기 때문입니다.

예를 들어, 내가 상대방을 도와주고 있는데 내가 기분이 좋으면 배려고, 내 마음이 불편하면 과배려인 것입니다. 내 마음이 불편하다면 나는 그 행동을 의무적으로, 억지로, 할 수 없어서, 해야 하니까 하는 것뿐입니다. 이런 마음가짐으로 행동을 하면 과배려 받는 상대방이 기뻐할 리 없습니다. 나 또한 힘든 나머지 불만스럽고, 불평하고, 뒷담화하고, 하소연하게 됩니다.

우리는 하소연을 주로 나를 아껴주는, 경청해 주는 사람에게 하게 되지요. 그러나 하소연이란 내 안에서 넘쳐나는 부정적 감정 쓰레기를 남에게 쏟아내는 행위입니다. 하소연을 다 들어주는 사람은 그 부정적 감정을 뒤집어쓰게 됩니다. 그래서 친하던 사람들이 날 피하게 되고, 정도가 심해지면 급기야 내 곁을 떠납니다.

> 아무쪼록 불평이나 하소연은 하지 말아야 합니다. 나를 아껴주는 사람을 감정 쓰레기통으로 만들지 말아야 합니다.
> 내 감정 쓰레기는 내 스스로 처리해야 합니다.

그럼 배려와 과배려의 선을 넘지 않기 위해서 우리는 무엇을 해야 하나요? 두 가지를 순차적으로 해야 합니다.

첫째, 배려하다가 마음이 불편해지기 시작하면 곧바로 중단하세요. (이 시점을 잘 알아차리는 것도 바로 마음지능의 역할입니다.)

중단만 하면 결국 몸을 사리는 형국이 됩니다. 내가 힘들다고 타인에게 기여하는 일을 기피하게 됩니다. 그러면 내가 편해지기는 하지만 보람과 긍지에서 멀어지게 됩니다. 그래서 일단 중단하더라도 두 번째까지 해야 합니다.

둘째, 힘든 상황에서 불평 또는 하소연하지 않으려면, 스트레스 받아서 생기는 부정적 감정이 넘쳐나지 않게 하려면, 내 안에 스트레스를 담아낼 용량을 키워야 합니다. 이어서 제 아내의 스트레스를 담아낼 용량 키우는 비결을 소개해 드리겠습니다.

마음햇살 보내기

제 아내는 심리학 박사이며 심리상담사이기 때문에 괴로워하는 사람들의 이야기를 온종일 듣습니다. 매스컴을 통해 좀 알려졌기에 비교적 심각한 상태에 처한 내담자들이 제 아내를 많이 찾습니다. 이들이 지닌 마음의 상처는 주로 깊고 크고 오래 지녀왔습니다. 그만큼 처리되지 못한 감정 찌꺼기가 누적되고, 때로 부패한 상태일 때도 많습니다.

아내는 하루 이틀도 아니고 대략 30년 품은 '감정 찌꺼기 처리' 역할을 해오고 있는 셈입니다. 아내의 스트레스 수용 용량은 거의 서울시 쓰레기 매립지 수준이 아닌가 싶습니다. 그럼에도 지치지 않고 해내니, 혹시 제 아내의 비결이 다른 사람들에게도 도움이 되지 않을까 하여 몇 가지 소개해 봅니다.

정서일지를 작성한다

상담사는 내담자에게 이야기를 듣고 난 후에 그 이야기를 버릴 수 없습니다. 다음 회기에 기억을 하고 있어야 하기 때문입니다. 그러나 마음에 담아두지 않기 위해서 마치 외장하드처럼 상담일지에 충분히 소상하게 작성해 둡니다. 마음이란 저장 탱크를 조금 비우는 셈입니다.

여러분도 일지를 작성해 보세요. 무슨 일이 있었는가를 적는 업무일지가 아니라 본인이 어떤 감정을 느꼈는가도 적는 정서일지가 필요합니다.

걷는다

상담이 다 끝나면 1시간 정도 걷습니다. 물론 심혈관 운동이 건강에 좋지요. 그리고 몸의 노폐물을 처리하는 림프계는 근육이 움직일 때 작동하니까 운동은 신체적 피로 회복에 필수입니다. 하지만 마음건강과 정신건강에도 중요하다는 연구 결과가 많습니다.

특히 외상 후 스트레스 장애(PTSD) 치료법에 양측성 자극(bilateral stimulation)이 효과적인데 다리와 팔을 좌우로 움직이며 걷는 행동이 포함됩니다. 혼자 걸을 때도 있지만 주로 저와 함께 걷습니다. 걸으면서 특별히 하는 것이 없어도 누군가 곁에 있어주면 힘이 됩니다.

목욕한다

따뜻한 목욕은 신체적 피로를 풀어줍니다. 매일 하는 목욕이기에 때가 없는데도 마치 몸에 더덕더덕 붙어있는 감정 찌꺼기를 씻어내듯이 천천히 때수건으로 몸을 닦습니다. 제 아내는 목욕을 마음을 정화하는 의식(ritual)으로 여기는 듯합니다. 마치 목욕재계하듯이 말입니다.

더불어 목욕은 통제감을 선물합니다. 스트레스는 주로 나의 통제에서 벗어난 곳에서 쳐들어오지만, 목욕탕의 물 온도와 양, 조명 등은 오로지 내가 완벽하게 통제할 수 있습니다.

기도한다

세상에는 인간의 힘으로 안 되는 일이 많잖아요. 제 아내는 그런 일에 애태우거나 괴로워하지 않고 더 큰 존재에게 맡깁니다. 본인이 할 수 있는 일에 충실하기 위해서입니다. 그래서 기도할 때는 뭘 어떻게 해달라고 바라거나 요청하지 않습니다. 더 큰 존재에게 일을 부탁하는 게 아니라 본인을 위탁합니다.

시프트앤샤인 한다

'시프트앤샤인(shift and shine, 마음햇살 보내기)'은 스트레스 관리 연구에 선구자인 미국 하트매스 연구소의 회복탄력성 역량을 키우는 기술입니다. 먼저 마음을 편안하게 바꾸고(시프트), 고마움을 느끼며 마음에 긍정성으로 가득 채우고, 햇살처럼 따듯해진 마음을 타인에게 보내는(샤인) 방식입니다.

나의 따뜻한 마음을 고마움을 베푼 사람에게 보내는 거래가 아니라 누구라도 그 따뜻한 마음이 필요한 사람에게 아무 조건 없이, 기대 없이, 일방적으로 보내는 릴레이입니다. 마치 여러 주자가 순차적으로 배턴을 주고받으며 운동장을 돌듯이, 선한 마음의 선순환을 이루는 방식입니다.

아니, 실제 선물도 아니고 마음을 보낸다니, 무슨 효과가 있을까 의구심이 들 수 있습니다. 그러나 해보세요. 꾸준히 해보면 마음이 더 깊어지고 회복탄력성의 용량이 커지는 것을 느끼게 됩니다. 이것은 꾸준히 해봐야 알 수 있습니다.

힘든 하루를 보내고 파김치가 돼서 꼼짝 못 하겠다면, 그건 이미 악순환의 고리에 들어가 있다는 증거입니다. 선순환으로 바꾸어야 합니다. 더 많은 일을 감당할 수 있는 역량을 만들어야 합니다.

마음은 베풀수록 더 깊고 넓어집니다. 그런 마음의 용량이 커지면 어떤 스트레스도 감당할 수 있는 힘이 생깁니다.

상호의존성을 조금만 줄이기

좋은 관계의 기술을 다 동원했지만 전혀 효력을 발휘하지 못하는 경우가 있습니다. 이럴 때 할 수 있는 일은 상호의존성을 줄이는 것입니다. 먼저 상호의존성이란 다소 생소한 개념을 설명하겠습니다.

사람들이 이혼할 때 성격 차이가 원인이라고 합니다. 그러나 두 사람 사이에 차이가 없을 수 없습니다. 오히려 차이 때문에 흥미와 호기심을 느끼고 관계에 생기를 불어 넣어줄 수도 있습니다. 그러니 차이만으로 설명할 수 없지요. 여기에 상호의존성이란 개념이 개입됩니다.

나와 성격, 성별, 습관, 가치관 등이 매우 달라도 나와 상관이 없는 사람이라면 갈등이 생기지 않습니다. 그러나 서로 상호작용을 해야만 하는, 서로 의존해야 하는 사이라면 차이가 관계를 어렵게 만듭니다. 차이에 상호의존성이 더해지면 갈등을 빚어냅니다.

부부지간과 부모자식간은 상호의존성이 매우 높습니다. 그래서 관계가 좋으면 매우 행복하고, 나쁘면 극도로 불행합니다. 관계의 중요성은 연령별 자살동기 순위에 대한 연구로도 입증해 줍니다. 10대는 부모와의 갈등, 20대는 연인과의 갈등, 30대부터 60대는 배우자와의 갈등이 1순위입니다.

가까운 관계일수록 함부로 하는 행동이 가장 큰 문제입니다. 상호의존성이 높을수록 엄격한 관계의 규율을 세우고 지켜야 합니다. 규칙이 잘 지켜지면 대박이고 지켜지지 않으면 쪽박입니다. 비유적인 표현이 아니라 현실입니다.

아마 그래서 유학의 근본인 삼강오륜은 다섯 가지 인간관계를 잘 맺는 법도를 명시한 게 아닌가 싶습니다. 다섯 중에 부자지간을 가장 먼저 내세웁니다. 모세의 십계명은 신과의 관계를 언급한 후 역시 가장 먼저 부자지간에 지켜야 할 법을 나열합니다.

상호의존성을 줄인다는 것은 연을 끊거나 상호작용을 하지 않는다는 뜻이 아닙니다. 상호의존성이 다차원에서 존재한다는 사실을 알아야 합니다. 아이는 부모에게 전적으로 의존하지요. 신체생리적, 정서적, 인지적(생각과 판단을 의존), 심지어 영성적 차원에서도 연결되어 있습니다. 다행히 자녀가 성장하면서 점차 독립하여 전반적으로 의존성이 대폭 줄어듭니다.

일부 부부의 경우에 상호의존성이 너무 줄어든 게 문제가 되기도 합니다. 주말부부의 경우, 서로 물리적으로 부딪칠 확률이 대폭 줄어들지만 정서적으로, 영성적으로 멀어지기 쉽습니다. "눈에 보이지 않으면 마음도 멀어진다(Out of sight, out of mind)"라는 말이 있듯이 말입니다.

직장에서 갈등 요소가 높은 동료와 어느 정도 거리를 두고 상호의존성을 줄일 수 있습니다. 동료와 같이 프로젝트를 하더라도 상대방의 언행과 행실에 내 기분을 맞출 필요는 없습니다.

하지만 직장 상사라면 거리 두기가 쉽지 않습니다. 상사는 일방적으로 지시를 하는 존재이고, 난 받아야 하니까요. 이럴 때 상사가 날 어떻게 평가하든 나의 자존감과 기분을 상사에 의존하지 않으면 됩니다. 즉, 물리적으로 자극을 받을 수밖에 없지만, 그 자극에 내가 어떻게 반응할 것인가는 상당 부분 내가 선택할 수 있습니다.

"자극과 반응 사이에 선택의 여지가 있다. 그 선택의 여지에 우리의 자유와 성장이 있다." 제가 가장 좋아하는 심리학자 빅터 프랭클의 명언입니다.

상호의존성을 줄이는 방법은 단절이 아니라 다른 차원의 연결을 실천하는 것입니다. 내가 외부 자극과 연결되기에 앞서 내 안의 지혜와 먼저 연결하는 것입니다.

'연결실천' 하는 방법

지금 대한민국은 탈가족화가 진행되면서 단절이 빠른 속도로 확산되었습니다. 단절감에서 오는 스트레스는 최악의 수준입니다.

사람은 삶이 힘들고 어려워서 자살하지 않습니다. 나의 고통을 이해하고 지지해 주는 사람이 없다는 고독감 때문에 자살합니다. 그래서 일본이나 유럽에서는 정신건강을 위해서 '고독부'라는 정부 부처를 신설해서 사람들을 단절에서 오는 고독감으로부터 해방시켜 주려고 노력합니다.

이 단절감은 자살률만 높이지 않습니다. 어차피 인간관계는 기대할 게 없고 그 대신 실망과 상처만 잔뜩 가져다주는데 왜 새로운 인간관계를 만들려고 하겠습니까. 결혼하고 싶어 하지 않고 자녀를

낳고 싶어 하지 않을 수 있습니다. 즉, 단절감이 저출산율의 원흉이라고 볼 수 있습니다. 단절감의 악순환으로 돌입하는 셈입니다.

타인과 안전하게 연결되지 않아서 정서적으로, 정신적으로 빈곤하게 되고, 그 빈곤함을 달래려고 술과 연결하고, 게임과 연결하고, 명품과 연결하고, 그리고 마약과 연결하는 것입니다. 한마디로 요약하자면 '연결 실수'입니다. 영어로는 'connection mispractice'입니다. 그래서 저는 'connection practice'에서 답을 찾습니다. 즉, 제대로 연결을 실천한다는 뜻입니다.

연결실천 방법은 HD행복연구소에서 가르치고 있습니다. 노벨평화상을 받은 코스타리카의 오스카 아리아스 전 대통령이 전국 학생들에게 가르친 방식을 그대로 가져왔습니다. 코스타리카는 세계에서 도시국가를 제외하고, 거의 유일하게 군대를 유지하지 않는 나라인데, 그런 실천이 그냥 이루어지는 게 아닙니다. 서로 평화롭게 연결되는 방법을 실천하기 때문에 가능합니다.

연결실천 방법은 교육학자 리타 마리 존슨(Rita Marie Johnson) 교수가 학생들에게 가르치기 쉽게 만들었습니다. 교사와 학부모가 먼저 이 방법을 배워서 아이들에게 가르쳐주면 좋겠습니다. 방법은 의외로 간단합니다.

먼저 자신이 힘들어하는 갈등 상황 하나를 떠올립니다. 현재 진행 중이거나 옛날에 있었던 일을 떠올려도 됩니다. 그 상황에서 어떤 감정이 느껴지는지 천천히 살펴봅니다. 아마 여러 감정이 꼬리를 물고 떠오를 것입니다. 가장 큰 감정이 치솟을 때의 상황으로 초점을 맞춥니다. 그때의 감정들을 떠올리며, 이러한 감정들이 알려주는 신호를 알아차립니다.

감정의 동기력은 니즈(욕구)입니다. 외부 자극이 니즈를 충족시키면 긍정적 감정 상태가 되고, 반대로 니즈를 충족시키지 못하면 부정적 감정 상태가 됩니다. 그래서 나의 충족된 또는 충족되지 않은 니즈를 알아차리는 것입니다. 감정과 니즈를 연결시켜야 본인의 속마음을 알게 됩니다. 즉 자기공감이 가능하다는 뜻입니다.

이제 통찰이나 지혜를 사용하여 핵심욕구를 알아차리기 위해 두뇌와 심장의 뇌를 연결해 봅니다. 먼저 모든 감각을 심장에 집중시킵니다. 서서히 심호흡하면서 평정심을 유도합니다. 이때 고마움을 만나면 더 빠르게 평정심 상태에 도달할 수 있습니다. 미국 하트매스 연구소는 이 상태를 '정합(coherence)'이라고 부릅니다. 정합 상태가 되면 지혜를 만나게 됩니다.

구체적인 예를 들어보겠습니다. 부부가 갈등 상황에 서로 기분이 잔뜩 상해있습니다. 짜증, 분노, 실망, 절망 등 부정적 감정 상태에서는 터널 비전이 됩니다. 그런 경우, 각자 어떻게 하면 부부싸움에서 이기는가에 몰두합니다. 그러나 정합 상태가 되면 시야가 탁 트이고 넓어져서 전에는 보이지 않던 가능성을 고려할 수 있게 됩니다. 진정으로 원하는 것은 배우자를 굴복시키고 내 주장을 관철하는 게 아니라 함께 평화롭고 행복하게 잘 지내는 일임을 깨닫게 됩니다.

너무나 당연하지요. 그런데 참 이상하게도 마음이 불편할 때는 그 당연한 걸 생각해 내지 못합니다. 그저 싸우고, 무조건 이기고 싶습니다. 부정적 감정에서는 부정적 생각들이 난무하게 됩니다. 그 감정대로 행동하다 보면 후회할 만한 일들이 벌어질 수도 있습니다.

그래서 정합 상태를 이루고 감정과 니즈를 연결시키면 삼척동자도 아는 결론에 도달합니다. 삼척동자는 때 묻지 않은 선한 존재입니다. 그 존재가 아는 정답이 바로 지혜입니다.

친구와 싸우고 힘들어하는 초등학생이 연결실천 방법을 시도하면서 자기가 친구를 좀더 존중해 줘야겠다는 지혜를 얻습니다.

엄마와 스마트폰 사용 때문에 다투던 중학생이 연결실천 방법을 통해서 엄마의 신뢰를 얻어야겠다는 지혜에 도달합니다.

연결실천은 간단해서 쉽게 활용할 수 있고, 효과도 큰 방법입니다.

나가는 글

미안합니다, 고맙습니다, 믿습니다

미안합니다. 제안 사항이 너무 많네요. 근데 어떻게 하죠. 의지할 수 있는 사람은 그래도 선생님인데요. 염치없이 선생님에게 또다시 의지합니다. 힘들어도 잘 해내고 잘 해주시길 바랍니다.

고맙습니다. 아무리 국내에서 아옹다옹하더라도 해외에 나가면 우리 교육이 너무 자랑스럽습니다. 세계 최고 수준인 우리 선생님들이 자랑스럽습니다. 이 혼란스럽고 어려운 시기에 교육자의 길을 걸어주시는 게 고맙습니다.

믿습니다. 선생님과 학부모께서 합심하고 협력하실 것을 믿습니다. 물론 걱정되는 면이 있기는 합니다. 그러나 어디를 보고 무엇에 집중할 지는 선택이지요. 여러분께서 희망을 선택하시리라 믿습니다.

제게 고마운 분들이 참 많습니다. 제가 운영하는 HD행복연구소에서 현재 스태프와 운영위원으로 활동하시는 분들이 고맙습니다. 고규희, 강부경, 문수영, 박혜진, 윤지영, 이세나, 이소영, 이정온, 이진, 최명길, 최연화, 최영윤, 한명례, 홍인숙 선생님이 고맙습니다. HD행복연구소 본부와 지부, HD가족클리닉에서 다양한 활동을 주도해 주시거나 지원해 주시는 김미화, 김민정, 김성자, 김순복, 서경숙, 신기영, 신순영, 오윤경, 이수정, 이수현, 이은지, 이학기, 정혜윤, 조정미, 추은혜, 한정희, 허정, 홍정애 선생님도 고맙습니다.

저희가 설립한 (사)감정코칭협회에 열성적으로 참여해 주시고 '행복씨앗심기' 사회봉사 활동을 하시는 500명 회원님들 모두가 고맙습니다. 특히 협회를 이끌어주시는 전옥선 회장님과 김민정, 이정온, 장태자 부회장님을 비롯하여 김은정, 박미애, 박현아, 오은영, 이광호, 이혜경, 임수현, 천미영, 황규란 임원이 고맙습니다.

연구소와 함께하는 분들 중에 교사가 참 많고 큰 역할을 담당해 주고 계십니다. 김민주, 박영순, 성인숙, 이영선, 조은혜, 박선민 선생님이 특별히 고맙습니다. HD행복연구소의 홍보대사를 자청해 주신 최경주 프로와 김현정 이사님도 고맙습니다.

미국 하트매스 연구소의 회복탄력성을 이끌고 계신 롤린 맥크리티 박사, 캐서린 플로리아노, 캐롤과 브라이언이 고맙고, 감정코칭 창시자 존과 줄리 가트맨 박사님 부부와 연결실천 창시자 리타 마리 존슨 교수님이 고맙습니다.

해냄출판사의 박신애 편집자, 이혜진 주간과 송영석 사장님께 감사드립니다. 저희가 지난 19년 동안 집필한 모든 책을 출판해 주셨습니다. 저희는 그냥 마음 편히 믿고 맡길 수 있어서 고맙습니다.

그냥 고마운 분들이 계십니다. 저희 부모님과 형제와 가족이 고맙습니다. 제 형제가 이제 70~80대가 되었고 여러 곳에 흩어져 살고 있지만 주기적으로 배우자를 동반하고 함께 여행 다닐 정도로 몸과 마음과 관계가 건강해서 고맙습니다. 항상 우리 마음속에 있는 한길, 요한, 수경, 주호, 미유, 이랑, 은영, 단이에게 사랑을 보냅니다.

제가 어릴 적부터 해외를 떠도는 바람에 학교 친구가 많지 않습니다. 그래도 50년 넘도록 연락하고 지내는 세형, 인섭, 창구, 태웅, 홍준이와 놀만(Norman Yau)이 고맙습니다. 특히 제가 세상살이에 대해 아무것도 모르는 풋내기였을 때 저를 챙겨준 '생활의 달인'인 홍준이와 놀만이 고맙지요. 대학원 때 만난 후로 40년 넘도록 서로 인연을 이어가는 이진원 교수와 이순칠 교수가 고맙습니다.

하지만 가장 좋은 친구는 제 처 최성애입니다. 여러 저서의 공동저자이며 HD행복연구소의 공동 소장이고, 많은 아이들의 공동 양육자여서 온종일, 일주일 내내 서로 붙어 지내는 인생 공동체이며 동반자입니다. 어느덧 40년을 함께 살았고 끝까지 교육자의 길을 함께 걸을 것입니다.

마지막으로 독자분들께 감사드립니다. 저희 HD행복연구소를 좋아하시고, 저희 글을 기대해 주시고, 저희를 지지하고 응원해 주시는 여러분이 고맙습니다. 행복하세요.

2024년 9월 4일
조벽

요즘 교사들에게 진짜 하고 싶은 이야기

초판 1쇄 2024년 9월 23일
초판 3쇄 2025년 5월 31일

지은이 | 조벽
펴낸이 | 송영석

주간 | 이혜진
편집장 | 박신애 **기획편집** | 최예은 · 이나연 · 조아혜
디자인 | 박윤정 · 유보람
마케팅 | 김유종 · 한승민
관리 | 송우석 · 전지연 · 채경민

펴낸곳 | (株)해냄출판사
등록번호 | 제10-229호
등록일자 | 1988년 5월 11일(설립일자 | 1983년 6월 24일)

04042 서울시 마포구 잔다리로 30 해냄빌딩 5 · 6층
대표전화 | 326-1600 **팩스** | 326-1624
홈페이지 | www.hainaim.com

ISBN 979-11-6714-089-0

파본은 본사나 구입하신 서점에서 교환하여 드립니다.